フレッシュ
中小企業診断士
による

合格・
資格活用の
秘訣IV

小林 勇治 [編著]
Yuji Kobayashi

同友館

はじめに

　40代からの学び直しに役立つ資格として、専門家は中小企業診断士（以後、診断士）を第1位にあげている（2022年1月15日付け日本経済新聞）。また、7年前に、診断士は取得したいビジネス関連資格のトップになった（2016年1月12日付け日本経済新聞）。診断士の資格保有者は2023年1月末現在で約30,000名と、過去10年間で4割強増加した。この人気の背景には、会社員が抱く将来不安や、自己実現・差別的優位性を確保したい気持ちがあるのかもしれない。今や、過去のように終身雇用の保証はなく、一流企業のパナソニックスやソニーでもリストラが平然と行われる時代になった。

　日本は世界有数の長寿国になり、令和3年簡易生命表によると、日本人の平均寿命は、男性81.47歳、女性87.57歳となっている。リンダ・グラットンは、「2007年に日本で生まれた子どもの半分は、107年以上生きることが予想されている。今50歳未満の日本人は、100年以上生きる時代、すなわち100年ライフを過ごすつもりでいたほうがいい」と言っている。政府も100年ライフを前提とした生き方を提唱している。定年後の長い将来に不安を持つ人や、輝かしいビジネスライフを過ごしたいと考えている人が、診断士の資格に興味を持ち、多くの受験者を集めているのかもしれない。

　一方、AIが盛んに導入され、士業にも代替えの危機が来ているといわれている。2017年9月25日付け日本経済新聞によれば、AIによる代替え可能性は行政書士93.1%、税理士92.5%、弁理士92.1%等に対し、診断士は0.2%とされている。これは診断士に対して、激しく変化する外部環境・内部環境等に即した中小企業支援が求められることに他ならない。診断士は、AIでも代替えできない有望資格といえるのである。

　その試験についてみてみると、2022年度の1次試験の申込者数は24,778名

であったが、受験者は 20,212 名で、前年比 1.1% の増加であった。前年度はコロナ禍の反動で受験者が増えたが、本年度の受験者はほぼ横ばいとなっており、平常に近い形に落ち着いてきている。合格者数は 5,019 名、合格率は 28.9% と昨年度よりはやや狭き門となっている。2 次試験は、受験者数が 8,745 名、合格者は 1,625 名で、合格率は 18.7% であった。1 次、2 次を合わせると、5.2% の合格率となる。数年前までの 4% 前後からするとやや高めであったが、合格者たちは難関試験にどのように挑み、合格したのか、また合格後、どのように資格を活かしているのだろうか。

　本書は、主に 2022 年 4 月に診断士登録を済ませたフレッシュ診断士 96 名の会員のうち有志 21 名＋編著者 1 名が中心となり、これから受験する人のために、自身の受験動機や勉強内容とそのポイント、資格活用の秘訣などを紹介したものである。

　序章では診断士制度の仕組みを解説し、第 1 章で各会員の受験動機、第 2 章で 1 次試験、第 3 章で 2 次試験合格のノウハウを紹介している。続く第 4 章で登録養成課程、第 5 章で資格活用についての体験談、第 6 章では診断士活動を経験した会員からのメッセージを紹介し、第 7 章ではアンケート調査からフレッシュ診断士の横顔を分析した。

　第 7 章ではさらに、彼らの診断士としての要素整備度から、年収を予測算出している。ただし、これは現在の実力を示したものであり、資格取得後、要素整備度を上げることによって、年収を増加させることは可能である。要素整備が低い人たちには、研鑽を積んでいくことによって、要素整備度を高め、徐々に年収を増加させることが期待される。資格取得後も知識・経験の研鑽をしていくことが必要であると気づいてほしい。

　編著者の小林は、先輩診断士としてフレッシュ診断士の研修と実務開業を支援し、1989 年、社団法人中小企業診断協会東京支部中央支会（現・東京都中小企業診断士協会中央支部）の認定研究会として「診断士大学（のちに、フ

レッシュ診断士研究会に名称変更)」という1年コースの研究会を結成した。32期生までの累計卒業生は1,470名で、東京都中小企業診断士協会会員5,010名（2023年2月10日現在）のうち29.3%がフレッシュ診断士研究会の卒業生である。皆さんがこの資格を取って協会に参加される日を心から歓迎し、お待ちしたい。

　本書はこの研究会の33期生が中心となり、序章から第5章については、32期生も交えて執筆した。皆、まだ診断士としては研鑽中の身であるが、診断士を志す後輩のために真実を伝えようという意欲は高いので、この意向をお汲み取りの上、読んでいただきたい。

2023年3月

編著者　小林勇治

目　次

序章

中小企業診断士制度の
仕組み

序-1
資格制度と中小企業診断士
登録までの道のり

（1）中小企業診断士とは

　中小企業診断士（以下、診断士）は、中小企業の経営課題に対して診断や助言を行う専門家であり、経営コンサルタントとして唯一の国家資格である。診断士は、中小企業支援法第11条及び、中小企業診断士の登録等及び試験に関する規則に基づいて、経済産業大臣によって登録される。その氏名、登録番号は官報で公示され、2023年1月末時点で約30,000人の診断士が登録されている。

　診断士の主な業務は、中小企業の成長戦略策定やその実行のためのアドバイスである。具体的には、中小企業と行政・金融機関等をつなぐパイプ役から、中小企業施策の適切な活用支援、企業経営の合理化推進に向けたコンサルティングまで、幅広い活動を行っている。

　このように活動が多岐にわたる診断士には、企業の4大経営資源といわれる「ヒト・モノ・カネ・情報」に関する横断的な知識、助言能力などが求められる。

　診断士は他の士業のように独占業務を持たないが、ビジネスパーソンにとって有望な資格であると考えられている。それは、企業経営に関わる横断的な知識を活かして、独立・企業内を問わず活躍できる可能性があるからである。実際、独立してコンサルティング活動をしている人がいる一方、企業内で活躍している人も多い。

　このように診断士資格を活かす場は広がっており、診断士を目指す理由も人それぞれである。詳細は、第1章をご一読いただきたい。

　日本では2020年初頭からコロナ禍の状況が続いているが、こういった各事業者の経営環境が厳しくなっている時代でこそ、診断士がその能力を活かし、あらゆる場面で活躍することが期待されている。

（2）診断士登録までの道のり

　診断士になるためには、まず、中小企業診断協会（以下、診断協会）が実施する1次試験に合格することが必要である。その後は、次に示す2通りのルートが存在する。

　1つ目は、診断協会が実施する2次試験に合格した後に、合計15日間の実務補習を修了または診断実務に従事（実務従事）するルートである。2つ目は、中小企業基盤整備機構（中小企業大学校）または登録養成機関が実施する養成課程を修了するルートである。いずれかのルートを経ることで、診断士として登録される（図表序-1-1）。

図表序-1-1　診断士試験制度の全体像

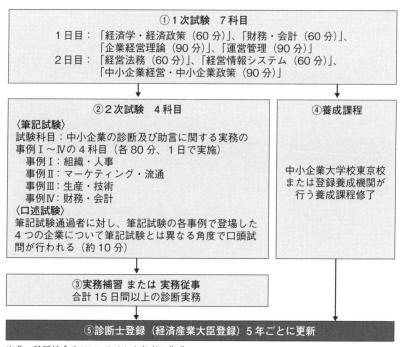

出典：診断協会のWebサイトを参考に作成

前述した通り、診断士には企業の4大経営資源に関する横断的な知識や助言能力が求められ、資格試験ではこれらの能力を総合的に問われることになる。

① 1次試験

1次試験は、診断士に必要な学識を有するかどうかの判定を目的として、企業経営に関する7科目（各100点の合計700点）について、マークシート形式の多肢選択式で実施される。試験は例年8月上旬の2日間（土・日曜日）で行われ、9月上旬に合格者が発表される。

a. 合格基準と合格率

合格基準は、「総点数の60%以上」かつ「1科目でも満点の40%未満がないこと」である。2022年度は、東京、大阪などの8都道府県が受験地区となっており、自宅住所にかかわらず希望地区での受験が可能である。

図表序-1-2に示す通り、2010年度から2019年度までの受験者数（欠席した科目が1つもない人数）は14,000人前後で推移していたが、2020年度は12,000人を割っており、コロナ禍での受験控えと考えられる。一転して、2021年度以降は増加傾向にある。

合格率は2018年度までは20%前後で推移していたが、2019年度以降は30%を超えるほどに上昇傾向である。これには、コロナ禍での生活様式の変化などが影響している可能性がある。

b. 科目免除制度

また、1次試験は科目免除制度を採用しており、科目ごとによる合格基準は「満点の60%以上」である。科目合格できた場合、翌年度と翌々年度までその科目を免除申請可能となる。加えて、当該科目に関連する資格（たとえば「経営法務」であれば、弁護士）などを有していれば、その科目の受験免除を申請することができる。

図表序-1-3に、1次試験の合格基準と科目免除制度の詳細をまとめた。合格に向けては、受験者ごとに、科目免除制度を活用したほうがいいケース、活用しないほうがいいケースが想定されるため、その選択は検討項目となりうる。

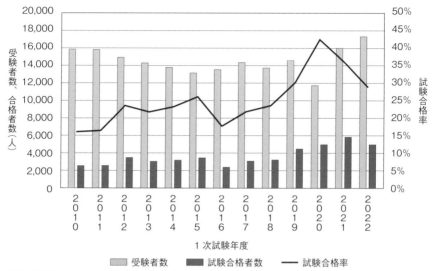

図表序-1-2　1次試験受験者数と合格率の推移

出典：診断協会の Web サイトを参考に作成

図表序-1-3　1次試験合格基準と科目免除制度の詳細

免除した科目(昨年までに科目合格、関係する他資格を保有)を除く1次試験の全科目を受験したか？

→ はい → 〈総点数による合格基準〉「総点数の60%以上」かつ「1科目でも満点の40%未満のないこと」〈例〉7科目受験：総点数420点 5科目受験： 〃 300点

→ はい → 1次試験合格(有効期間：2年間) 2次試験または養成課程へ

→ いいえ → 科目ごとの合格基準を満たしたか？〈科目ごとの合格基準〉「満点の60%以上」

→ はい → 科目合格 (有効期間：3年間)

→ いいえ → 科目不合格

いいえ →

出典：診断協会の Web サイトを参考に作成

　なお、1次試験についてどのような試験対策があるかについては、第2章をお読みいただきたい。

②2次試験

2次試験は、診断士となるのに必要な応用能力を有するかどうかを判定するこ

とを目的として行われる。中小企業の診断と助言に関する実務の事例を通じた筆記および口述を用いた2段階方式で行われる。

筆記試験は例年10月下旬の日曜日に、口述試験は12月中旬の日曜日にそれぞれ行われる（口述試験は、筆記試験の合格者が対象）。なお、2022年度の口述試験は2023年1月22日に行われた。

なお、1次試験合格年度に2次試験に不合格となった場合、翌年度に限り1次試験は免除され、2次試験のみ再挑戦できる制度となっている。

a. 筆記試験

筆記試験は、図表序-1-1に示した通り、組織・人事や生産・技術などの事例に基づく4科目（各100点で合計400点）で構成されている。合格基準は、1次試験と同様、「総点数の60%以上」かつ「1科目でも満点の40%未満がないこと」である。この筆記試験には1次試験のような科目免除制度は存在しないため、必ず4科目を同時に受験して合格基準を満たす必要がある。

b. 口述試験

口述試験は、筆記試験の事例などをもとに個人ごとに面接形式で行われ、「評定が60%以上」であることが合格の基準となる。

c. 合格基準と合格率

2010年度から2018年度までの受験者数（欠席した科目が1つもない人数）は4,000〜5,000人前後で推移していたが、2019年度以降は増加傾向にある。しかしながら、合格率は20%未満となることが多い（**図表序-1-4**）。

以上のことから、1次試験、2次試験を合わせて通過する合格率は10%未満であり、概ね4%前後になる年度が多い。社労士や行政書士など、他の国家試験同様、難関資格といえよう。

特に2次試験は、1次試験で得た学識を念頭に置きながら、事例企業の経営資源や問題・課題などを与件文から読み取る力が求められ、正解も公表されない。各自に合ったさまざまな勉強法があると考えられるが、実際の合格者の取り組み内容を参考にすることが、効率的に試験対策を進める方法につながると思われ

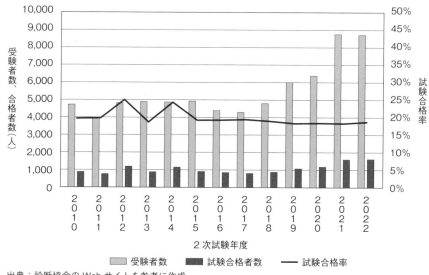

図表序-1-4　2次試験受験者数と合格率の推移

出典：診断協会の Web サイトを参考に作成

る。2次試験について、どのような試験対策があるかは、第3章をご覧いただきたい。

③実務補習・実務従事

2次試験に合格した場合、3年以内に実務補習または実務従事を合わせて15日以上の企業診断実務を経験すれば、診断士としての登録申請ができる（**図表序-1-5**）。実務補習と実務従事はいずれかでもよいし、または組み合わせて合計15日以上として構わない。

実務補習は診断協会が開催しており、グループごとに熟練診断士の指導のもと、実際に中小企業の経営を診断する。診断の成果として報告書を作成し、事業主に対して報告会を行う。最近は申込者が多く、受講したくてもなかなか受講できない状況となっている。

実務従事は中小企業診断の実務に携われば、対象とすることができる。東京都

図表序-1-5　実務補習と実務従事

タイプ	日数	概要	主催元
実務補習	合計15日	1グループ6名以内で編成し、指導員の指導のもと、3企業に対して、経営診断と助言（現場診断・調査・資料分析・診断報告書の作成・報告会）を行う（実務従事の機会がない方に機会を提供する）。	中小企業診断協会等の登録実務補習機関
実務従事		コンサルティング会社に勤務したり、民間企業の実務従事サービスを利用したりして、経営診断や助言を行う。	営利団体など

中小企業診断士協会などの各都道府県協会でも募集していることがある。

④養成課程・登録養成課程

　1次試験合格者が、2次試験と実務補習・実務従事を経ずに、診断士の資格登録要件を満たすこともできる。それは、中小企業大学校東京校や民間の研修機関等が開設している養成課程・登録養成課程（以下、養成課程）を修了することである。

　図表序-1-6に、全国の養成課程を紹介する。過去2年間の1次試験合格者は応募することができ、2次試験受験後の応募も可能である。

　養成課程には、全日制の6ヵ月コース、平日夜間と土日による1年コース、土日が中心の2年コースなどがあり、開設する実施機関によって、さまざまなカリキュラムが存在する。診断士と同時にMBA（経営学修士）などの学位を取得できるコースも存在する。しかしながら、いずれの実施機関も学費は高額（200万円前後からそれ以上）になるケースが多く、カリキュラムと合わせ、応募する際は注意すべきである。

　なお、第4章には養成課程修了者が体験談を寄せている。本書では、2次試験や実務補習・実務従事を経由せずに診断士になる方法も紹介している。

図表序-1-6　診断士養成課程・登録養成課程の一覧

機関名	公式 HP	所在地
養成課程実施機関		
中小企業大学校東京校	https://www.smrj.go.jp/institute/tokyo/index.html	東京都
登録養成課程実施機関		
法政大学	https://www.im.i.hosei.ac.jp/	東京都
日本生産性本部	https://www.jpc-net.jp/consulting/course/sme/	東京都
株式会社日本マンパワー	https://www.nipponmanpower.co.jp/	東京都
栗本学園（名古屋商科大学）	https://mba.nucba.ac.jp/	愛知県
中部産業連盟	https://www.chusanren.or.jp/	愛知県
東洋大学	https://www.toyo.ac.jp/ja-JP/academics/gs/mba/finance/	東京都
千葉学園（千葉商科大学）	https://www.cuc.ac.jp/dpt_grad_sch/graduate_sch/master_prog/smec/index.html	千葉県
兵庫県立大学	https://www.u-hyogo.ac.jp/mba/	兵庫県
城西国際大学	https://www.jiu.ac.jp/graduate/management/smec/	東京都
福岡県中小企業診断士協会	https://smec-yousei.jp/	福岡県
札幌商工会議所	https://shindanshi-yousei.jp/	北海道
日本工業大学	https://mot.nit.ac.jp/course/enterprises/katei	東京都
大阪経済大学	https://www.osaka-ue.ac.jp/life/chushoukigyoushindanshi/	大阪府
関西学院大学	https://iba.kwansei.ac.jp/	兵庫県

出典：中小企業庁の Web サイトを参考に作成

（3）資格更新

　診断士資格は永続的なものではなく、5 年ごとに更新登録申請が必要となる。資格更新には、「専門知識補充要件」と「実務要件」の 2 要件を満たす必要がある。

①専門知識補充要件

　「理論政策更新（理論政策）研修を修了」、「論文審査に合格」、「理論政策更新（理論政策）研修講師を務め指導」のいずれかの実績を、診断士登録の有効期間内に 5 回以上重ねておくことが必要である。

②実務要件

　「診断助言業務などに従事」、「実務補習を受講」、「実習、実務補習を指導」のいずれかを、診断士登録の有効期間内に合計 30 日以上行うことが必要である。

序-2

中小企業診断士の実像

（1）診断士が就いている職業とは

　中小企業診断協会（以下、診断協会）が行った「中小企業診断士活動状況アンケート調査」の結果が、2021年5月に報告されている。調査時点は2020年11月で、診断協会所属の中小企業診断士（以下、診断士）を対象として、1,892名から回答を得たものである。これは、診断士の活動状況を把握し、それぞれの活性化や地位向上を図るとともに、今後の事業展開を検討する際の資料となることを目的に実施されている。

　このアンケートでは診断士の就いている職業についての調査があり、独立診断士は半数弱、企業等団体に所属する企業内診断士は半数程度で、やや企業内診断士の方が多い（図表序-2-1）。

　ただし、昨今の働き方改革の進展によって副業・兼業化の流れが進む中で、独

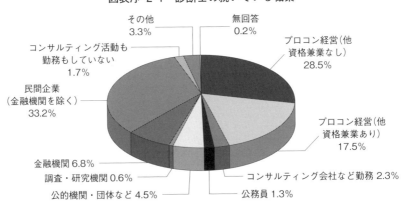

図表序-2-1　診断士の就いている職業

出典：診断協会「中小企業診断士活動状況アンケート調査」（2021年5月）を参考に作成

立と企業内という診断士の切り分けも難しくなっている。

　副業については、先のアンケート結果からも認められる企業が増加してきており、「全面的に認められる」、「一部認められている（許可制など）」の合計は半数弱にのぼっている。新型コロナ対策で進んだテレワークの活用によって、顧客とのやりとりをオンラインで行う事例も増えているため、企業内診断士にとっても診断実務に取り組みやすい環境へと変わってきている。

（2）診断士の仕事にはどんなものがあるのか

　診断士の仕事には、一般に「診る、書く、話す」の3要素があるといわれている。仕事を通して得た経験や報酬等に関しては、具体的な事例が第5章から第7章で述べられているので、ご一読いただきたい。

①診る：コンサルティングの業務

　診断協会による前述のアンケート調査によると、診断士の活動分野の上位は「経営企画・戦略立案」21.6%、「経営全般」11.6%、「販売・マーケティング」10.4%、「財務」10.3% の順となっている。ここから、企業は経営全般にまつわる戦略的課題に対応したいというニーズが強いことがうかがえる。

　コンサルティング業務にはさまざまなものがあり、具体的には、「経営革新支援」、「事業再構築支援」、「創業支援」、「補助金申請支援」など多岐にわたる。「IT、DX 支援」など、より専門分野に特化したスキルが求められるものもある。都道府県や商工会議所などでの経営相談も重要な業務である。

②書く：執筆の業務

　執筆というと、単行本や論文を書くことをイメージしがちだが、ビジネス誌や専門誌への寄稿や専門書の共著から入ることが多い。業種別審査事典への執筆参加もよく聞く。未経験の状態からいきなり単行本を執筆するよりは、前述したような寄稿の経験や実績を積み重ね、出版社や編集者の信頼を得つつ、書籍出版につなげていくのが現実的だろう。

　これらの執筆活動を通して周囲の評価が高まり、コンサルティングなどの業務

につながっていくケースも少なくない。

③話す：講師の業務

企業の要望する社員教育の研修講師や、全国の商工会議所などで行われる各種セミナーの講師などがある。人に何かを教えたりすることは、コンサルティング業務にも通じるところがある。

講師の依頼を受けるには、魅力的な企画書の作成や受講者の満足度を高めるような内容のつくりこみが必要である。最近のトレンドとして、事業承継、IT活用、人材育成（人事制度など含む）、事業の資金繰りなどのテーマが多いと感じられる。テーマに沿った専門知識を持つことに加え、話す力も重要であるため、積極的に自己研鑽に励んでおくことが望まれる。

（3）診断士の報酬はどの程度か

こうした仕事に取り組むことで、どれだけ稼げるかといった点は、診断士を目指す人にとっては気になるところだろう。

図表序-2-2 に、前述の「中小企業診断士活動状況アンケート調査」より、診断士のコンサルティング業務の年間売上高（または年収）を示す。業務日数が年間 100 日以上となる診断士 579 人を対象としている。

図表序-2-2　コンサルティング業務の年間売上（または年収）

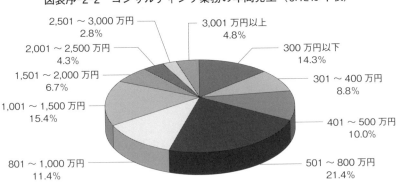

出典：診断協会「中小企業診断士活動状況アンケート調査」（2021 年 5 月）を参考に作成

　調査結果は、「501〜800万円」が21.4％と最も割合が大きく、「1,001〜1,500万円」が15.4％と続く。年間売上1,001万円以上の方の割合は34.0％となっており、約3人に1人となる。国民の平均給与が約440万円（国税庁「令和3年分民間給与実態統計調査結果」）に対し、一概に比較することはできないものの、それなりの報酬が得られるといえるのではないだろうか。

　さらに少数（約5％）とはいえ、年間3,001万円以上の売上となる診断士も存在する。診断士はやり方や能力、意欲次第で稼ぐことができる資格と考えられる。

（4）中小企業診断協会

　診断協会は診断士相互の連携緊密化、資質向上、中小企業診断士制度の推進と普及を図り、中小企業振興と国民経済の健全な発展に寄与することを目的として設立された団体である。診断士試験を実施する指定機関、実務補習や更新研修を実施する機関として、経済産業大臣の登録を受けている。

　前述の通り、診断士登録は経済産業大臣が行うもので、その際に診断協会へ加入することは義務づけられていない。これは、他の士業と比べ珍しい点だが、実際には多くの診断士が診断協会と東京都中小企業診断士協会などの都道府県別の地方協会に所属している。

　地方協会では、専門分野別研究会、プロコンサルタント塾（プロコン塾）などが開催されており、世間動向や最新知識の獲得、先輩診断士との交流による人脈構築の場として、重要な機能を担っている。診断協会での活動が、その後の業務につながっていく診断士も多い。

第1章

私はこうして中小企業診断士を目指した

1-1

診断士こそ挑戦できる
社会課題解決ビジネス

（1）診断士の知名度ほぼゼロの業界で

「診断士の資格、やっと取得したよ」と言うと、「なんで"コンクリート診断士"取ったの？　えっ、中小企業診断士？　それ何？」とほとんどの人が答えた。

筆者は、建築・都市開発の環境エンジニアやコンサルタントとして従事しているが、所属する会社では、3,000人弱の中で中小企業診断士は自分1人だけ。仕事関係先でも、知っている人はこれまで十数年でたった数名しかおらず、頑張って資格を取ったのにこれほどに存在感がない。建設業界で診断士といえば、やはり、「コンクリート診断士」が定番である。

建築設計・建設業界では、1級建築士や施工管理技術者、建設現場では職人さんの専門別の各種施工関係資格など、業界で生きていく上で技術系の資格は必須だが、経営に関する資格はほぼ必要とされていない。

そんな逆境の中でも、資格を取得してからは、さまざまな建設系の中小企業さんの相談に乗る機会が広がり始めた。技術と経営の両方がわかる（と自分では思っている）ことで、少しずつご理解をいただきつつある。知名度が低い分、もしかしたら、ブルーオーシャンの可能性があるかもしれない。

（2）数ある資格から行きついた理由とは
①古くて新しい建設業で気づいたこと

筆者がいったいなぜ診断士に行き着いたかであるが、実は、筆者はフレッシュ診断士というには口幅ったく、資格を取得して10年が経つ"リ・フレッシュ"診断士である。10年前の動機を聞いても役に立ちそうもないと思われるかもしれないが、逆にこの10年間、診断士と縁の遠い業界にいたからこそみえること

図表 1-1-1　不動産開発・設計・建設業の仕事の流れと相互関係

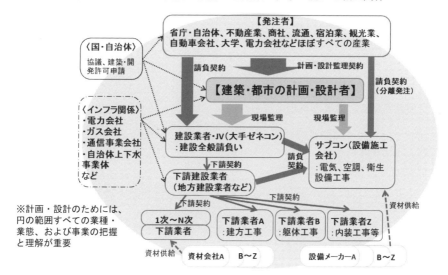

があると考えている。

　そもそも、建設業というのは歴史の古い業界である（1,000年以上続く工務店もある）。どんなに巨大で最先端なビルや街区の開発でも、旧態依然としたピラミッド的業界構造の中で進んでいる。発注者も含めると、多種多様な業種・業態が関係しており、縦にも横にも複雑につながりあっている。

　この状況下でプロジェクトをうまく推進するためには、ホテル、研究所、劇場など、さまざまな業種の"にわか事業専門家"になる必要がある。多くの建設プロジェクトに携わる中で、「こんな商品を開発するから工場を建てるのか」、「新たなサービス提供のために事業所を開設するのだな」、などと毎回学ぶことで、経営への関心が潜在的に育まれてきたようである。

②まずは、研究系の資格取得から始まった

　建設業は、総合生活産業と定義されており、生活や仕事の場およびインフラを提供して、さまざまな課題解決を図る役割を担っている。その意味では、身のま

わりの社会課題を意識することが大切である。また、これらの課題解決に関連した幅広いテーマで最新技術や新規製品の開発も活発に行われている。

筆者も設計のかたわら、環境に関する課題解決を自身の研究テーマとして技術開発を続けていたのだが、その成り行きでまずは博士号を取ることになり、結局、4年もかかって取得にこぎつけた。

③優れた研究の成果が実現に至らない

学位取得と同時に、研究成果を実用化すべく模索したがうまくいかなかった。また、実用化検討の際、数多くのより優れた開発アイデアも目にしたが、多くが埋もれたままで実現に至っていないことに気づいた。これは面白い商品やサービスになると確信しても、具体的な方法論を知らないので話が進まない。一方、販売戦略の過程で、技術や製品の肝心な部分がおざなりにされ、容易に陳腐化することも幾度か経験した。

しかしながら、一介の設計技術者では、アイデアは生み出せても、事業化に至るまでに何度も関門があることや、それを超えるための考え方があることなど、診断士ならアドバイスが可能な方法論を何ひとつ知らなかった（図表1-1-2）。

④研究開発から高まった経営マインド、だが迷走し始める

そこで調べたところ、MBAやMOTなどの大学院課程や、中小企業診断士などの資格を初めて知った。しかし、すぐに診断士の資格を取ろうという気持ちにはならなかった。

診断士資格を調べ出すと、他の資格も目についてきたのである。「独立して安定収入が得られることは魅力だなあ…。専業でも副業でも、どんな立場でもやっていける資格の方がよくないか」などと、理想がすぐに薄れかける。そうすると、「技術・専門分野を活かして、弁理士や不動産鑑定士の資格を取った方がいいんじゃないか」とゴールポストが勝手に動き始めた。特に自分の業界の関係上、不動産鑑定士はアリであった。しかしながら、当時は1年間の実務経験の義務（設計建設ではなく不動産業そのもの）があったので、あきらめることにした。

図表 1-1-2　研究開発から製品化・事業化に至るプロセス

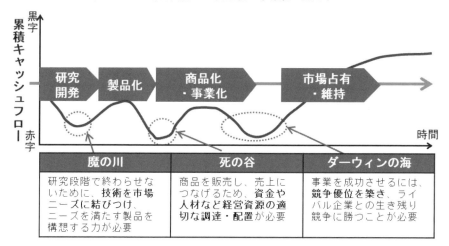

⑤結局、中小企業診断士資格がベスト！

　そして、冷静になって、自分自身を最大に活かせるのは、弁理士でもないことを心に言い聞かせた。4年もかけて取得した学位の成果を活かしたいこと、独立診断士も十分活躍されていること、当時の生活状況からかけられそうな時間と成果との関係も考え、総合的に比較検討した。これから身につけるべき最適な資格は何かと半年近くあれこれ比較した結果、やっと診断士の資格を目指すことに決めた。

　なお、1次試験を2回落ちて3回目でやっと合格したが、その間に、不動産鑑定士の実務従事義務が緩和されていた。残念⁉

（3）3K業界にはコンサルビジネスの無限の可能性がある

　10年前の診断士資格取得のきっかけであった、さまざまな社会課題は今でもあまり解決されておらず、むしろ増えており、経営と技術を両立させる目線で解決案を提示すること（それができる人）は、これまで以上に求められている。

さらに、不動産・建設業界は、「3 K、遅れている、将来は期待できない」などと言われ続けてきたが、それでも、中小から大手まで、ある程度、売上を維持し続けている。コロナによって、解体・改修工事の市場が上向くというかつてない事象も起きており、ますます複雑化している。ただし、中小の建設業者は浮き沈みが激しいため、このような変化が著しいマーケットに対応すべく、経営全般でのイノベーション推進の余地は大いにある。

（4）資格を取得する前と後で、社会はどのように変わってきたか
①環境関連の社会課題が急速にクローズアップ

　10 年前から比べると、かつて外部経済扱いであった環境コストは、原価として当然のように見込まれるようになった。20 年前、筆者を含め一部の専門家の議論に閉じていた地球温暖化や脱炭素は世界的な課題となり、温暖化に取り組まない企業はマーケットで後れをとるようになりつつある。以前、某大手不動産会社さんにご提案したときは、「ボランティアじゃないからな、それで賃料増えないでしょ」とよく言われていたのだが…。

②高齢化と人口減少は多くの課題を引き起こし、診断士の登場を待っている

　これ以外でも、加速化する高齢化や人口縮退、フレイル（高齢化による機能低下）の予防、LGBTQ まで考慮した施設計画、深刻化する空き家問題、地方での自治体サービスの民間による肩代わりなど、以前は考えられなかったことが数多く出現し、解決が求められている。図表 1-1-3 は、高齢化社会における健康・長寿に関連する社会課題解決ビジネスの可能性について示したものである。ウエルネスだけでも多くの解決すべき課題が挙げられ、新たなビジネスの可能性が示唆されている。中小企業および診断士にとっても参入が期待されるところである。

（5）社会課題解決を志す人には本当にオススメ

　どれだけ ICT や AI が普及してさまざまなサービスが提供されても、これから

図表 1-1-3　ウエルネス分野の社会課題の例

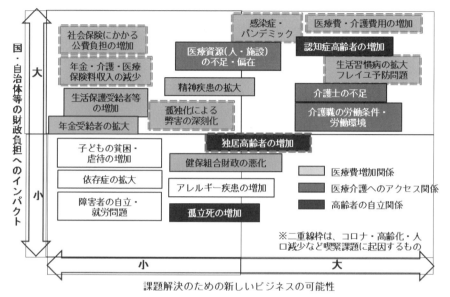

出典：「イノベーションによる解決が期待される社会課題一覧」（未来共創イニシアティブ、2021 年）
をもとに作成

社会課題が減ることはない。そして、社会課題とは、大きな問題ではなく、私た
ちの身近に存在する。たとえば、高齢者の一人暮らしを心配する家族に無事を知
らせるため、お湯のポットを押せば無事がわかるというサービスがあったが、今
ではスマホや見守りカメラ（ロボットも）など、いくつもの無事確認アプリが提
供されている。

　ますますアイデアが重視され、その発想には身近で小さいところからの気づき
が求められる。アイデアをビジネスモデルに育てていく過程こそ、まさに診断士
の出番でもある。図表 1-1-4 は、経済産業省関東経済局による、社会課題解決
のための地域ビジネス事例（地域コミュニティ機能の維持／創出に係る検討プロ
ジェクト）における担い手を示したものである。大企業の参入はまだ少なく、地
域に根ざした中小企業のさらなる参入が求められる。同時に、診断士による支援

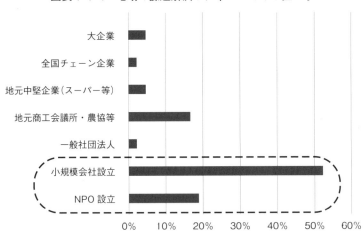

図表 1-1-4　地域の課題解決ビジネスにおける担い手

も大いに期待されるところである。

　これからも、まちづくりに関連する社会課題解決を人生のテーマとして、診断士資格を活かして取り組み続けたい。社会課題解決に関心のある皆さんはぜひ診断士資格取得に挑戦し、このような社会課題解決を支援する仲間になっていただければ幸いである。

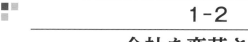

1-2
会社を変革させる
伴走型のコンサルタントになりたい

（1）事業譲渡して診断士になるまでの私の軌跡

　私は大学在学中にイベント関係の個人事業を始め、23歳で資産形成やプログラミングの学校を設立し、29歳のときに事業譲渡した。今後の人生を考えた私は、大企業に勤めながら診断士活動と兼業する道を目指した。

①個人事業主として在学中に起業

　私は、大学で建築を専攻していた。将来、建築家になると思って、設計事務所でアルバイトをしていたが、夢と現実の違いを実感した。リーマンショックの影響を受けて周囲に内定取り消しが起き、修上の先輩でさえも就職できない状況になった。また、設計事務所に就職しても長い下積みを経て独立する必要があり、私にはそこまでしてやっていける自信がなかった。

図表 1-2-1　私のキャリア年表

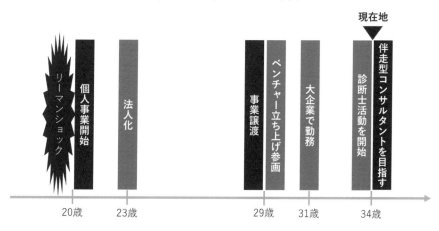

その体験を通して、経済的に自立した生活をしたいと強く思った私は、在学中にイベント関係の個人事業を開業した。当時は街コンが流行っていた時期で、思っていたよりも収益化することができた。いろいろな苦労があったが、アルバイト以外で稼いだことは、とてもうれしい経験だった。

②経営者との出会いと法人化

個人事業をしていると、経営者や投資家と出会う機会が多かった。プログラミングスキルを武器に起業したIT社長、投資スキルを活かして経済力をつけた投資家など、さまざまな業種の成功者の話を聞く機会に恵まれた。

そこで私は、プログラミングや投資のスキルが今後重要になると考え、そのスキルを学ぶ学校を設立し、法人化した。23歳の私自身には専門的な内容を教えるスキルはなかったので、その道の専門家に登壇を依頼し、学校の質の向上を図った。それが収益につながり、少しずつ事業が成長していった。

20代のこの経験は、診断士資格取得の動機に大きい影響を与えている。

③29歳で事業譲渡して他人の会社の立ち上げに参画

会社が8期目に差しかかった頃、競合相手が台頭してきた。オンラインのサービスに特化した企業、投資対象が幅広くファンドも兼ねたサービスを行っている企業などである。収益は継続しているものの、顧客価値を提供する事業者として、自分自身が事業を続ける理由に疑問が芽生えるようになってきた。

また、家庭を持ちたいと考えていた私は、今後の人生設計を考える中で、まだ経験していないことへの挑戦として、大企業に就職することを考えた。

事業譲渡の後、就職した経験のない私は、まずはベンチャー企業の立ち上げに参画することからスタートさせた。

④大企業での経験から次のチャレンジを探す

ベンチャー企業の立ち上げ参画後は、起業経験を活かし、1年で大手企業3社との提携を実現できた。会社が軌道に乗り始め一区切りした後、グループ全体で2,000人規模のマーケティング会社へ転職し、大企業勤めが始まった。ビッグデータを活用したマーケティングの仕事には、私が経験したことのない、データ

によるロジカルな根拠に基づく企画が求められた。

　従業員としての経験は、学びが多く新鮮だったが、私自身が熱くなれるものにチャレンジしたいと考えるきっかけにもなった。

（2）なぜ、中小企業診断士を目指したのか

①従業員としての経験

　自分以外の人が立ち上げた会社で働いた経験が、私の視野を広げてくれた。従業員として働くと、本当の意味で会社を支援する側になることは難しいと感じた。従業員としてどんなに経営のことを考えても、与えられた業務の範囲で成果を出すことがミッションになる。私が経営していた頃は、社長は孤独であった。そこで、起業した経験を活かし、経営者を支援したいと思うようになった。

　経営者を支援する仕事を考えたとき、経営コンサルタントの国家資格である中小企業診断士の資格を知った。この資格であれば、経営者を支援する立場から自身の起業経験を理論で伝え、貢献できると考えた。

図表 1-2-2　従業員と診断士の業務範囲

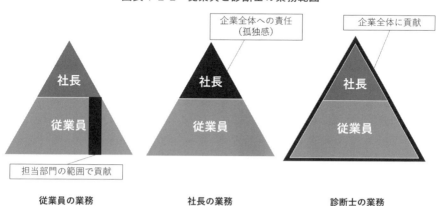

②中小企業診断士の資格を選んだ理由

診断士の資格を選んだ理由は、試験制度にある。診断士試験は、1次試験では7科目という幅広い分野にわたり出題され、2次試験は正解がわからない筆記試験である。

体系的に経営の知識を落とし込めるだけでなく、資金と時間をかけても全員が合格するわけではない資格に心惹かれ、挑戦を決意した。なお、養成課程という資格取得手段があることを知ったのは、勉強開始2年目の1次試験合格後のことであった。

③伴走型のコンサルタントになりたい

経営者時代の私自身の経験が、伴走型支援への想いを強くした。当時、コンサルティングを受ける機会があった。課題を解決するためのいくつもの提案を受けていたが、結局、取り組みは望む成果に結びつかなかった。

目先の課題に受動的に対応していたことが大きな理由である。その経験をしたからこそ、本質的な課題を発見し、自ら能動的に取り組み、会社を変革させる伴走型のコンサルタントになりたいと考えたのである。

図表 1-2-3　伴走支援のイメージ

目先の経営支援	経営力を高める伴走支援
企業の課題を御用聞きして提案	「対話と傾聴」を重視し、経営者自身が本質的な課題に気づき、腹落ちする

受動的	対話と傾聴　自走化 自己変革
支援者からの提案に対して企業が受動的に対応している状態（自走化への動機づけができない）	経営者は、納得感と当事者意識を持ち、課題解決に向け能動的に行動（自走化へ動機づけ・自己変革力の向上）

（3）受験時代の学びと診断士資格取得へ強まる想い

　私は、診断士の資格取得に3年かかった。仕事と勉強との両立には苦労したが、家族と勉強仲間に支えられたおかげである。この勉強期間の中で、診断士としての活動の指針ができた。

①何事にも戦略を持って取り組むこと

　受験初年度は、診断士試験に独学で挑戦した。結果は3科目の合格となり、翌年の1次試験通過後の2次試験は、散々な結果となってしまった。

　1次試験はとにかく1科目でも多く合格すればいいと思っていたため、2次試験までの2ヵ月半で2次試験対策が仕上がるわけもなく、2次試験はA判定が1つもなかった。悔しい思いと同時に、油断して戦略を描けていなかったことを反省した。

②家族と仲間の大切さを知った2次試験

　2次試験の結果が散々だった私は、受験予備校に通い、1年間、仲間とともに切磋琢磨した。仲間がいることで自身の課題を知り、視野が広がり、日々成長を実感できた。

　最後の追い込み時期には、妻の第2子妊娠がわかった。妻には「今年受験に失敗しても応援する」と温かい言葉をかけてもらったが、ここが勝負どころと、残り1ヵ月間の受験勉強に気合いが入った。

　私は受験当時、仲間の存在と家族の支えは、合格後の診断士活動の必須条件になると感じた。診断士になった後のことをイメージしながら受験勉強に取り組むことで、高いモチベーションを維持できた。その結果、2度目の2次試験は、オールA判定で合格することができた。

（4）診断士として実現したいこと

①さまざまな業界・ビジネスとの出合い

　診断士として活動すると、未経験の業界の会社を支援することがある。支援する会社の数だけ新しい業界・ビジネスがあり、その出合いは私にとってとても刺

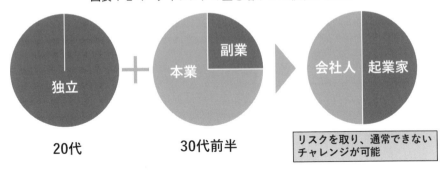

図表 1-2-4　チャレンジの量を増やせる兼業の考え方

独立

20代

本業　副業

30代前半

会社人　起業家

リスクを取り、通常できない
チャレンジが可能

激的だった。

　常に新たな知識・経験を得ることができるため、診断士として活動する際には、新しいチャレンジをしていきたい。

②これからの起業のあり方を模索

　労働時間ではなく、成果によって評価が決まるジョブ型雇用がKDDIや富士通などの大企業に広がり、働き方にも多様性が生まれている。34歳で診断士登録した私は、企業勤めをしながら、兼業で診断士として活動し、新たな働き方を模索したいと考えている。20歳の頃の自分が就職だけが道ではないと思ったのと同じように、起業して独立することと企業勤めで副業をすることだけが道ではないと現在の私は思う。

　独立して失敗するリスクを取るか、企業勤めで安定するかの2択ではないと考える。会社人として企業勤めをしているからこそ、起業家としてリスクを取って、普段できないチャレンジがたくさんできるはずだ。

　これから診断士として活動していくことで、リスクを取って挑戦の量を増やせると思っており、既存の価値観を壊したいと考えている。今後、診断士を目指す人に対して、1つの参考になれば幸いである。

1-3
人生100年時代！　50歳からの
ライフサイクル・エクステンション

（1）人生100年時代で活躍ピークを伸ばすため、中小企業診断士を目指す

　最近、「人生100年時代」という言葉が、普通に使われるようになった。日本
は、健康寿命が世界一の長寿社会に突入している。この長寿化を、恩恵として活
かすには、この社会に自ら適応していかなければならない。

　人生80年時代では、50歳からの10年間をワークでの活躍ピークと位置づけ、
60歳で定年退職し、残り20年は引退し悠々自適ライフというモデルだった。し
かし、今後、定年は70歳になり、その後も30年以上の人生が待っている。

　人生100年時代では、活躍のピークを60歳以降にまで伸ばしていく必要があ
る。ワークでの活躍度という視点での、私という商品の50歳からのライフサイ

図表1-3-1　ワークの活躍度のライフサイクル・エクステンションのイメージ

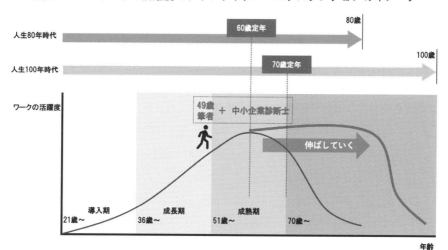

クル・エクステンションである。

49歳だった私は、会社であと20年、退職後も引退せず30年、ワークで活躍し続けるため、診断士資格の取得に取り組むことにした。

(2) 会社での活躍ピークを70歳まで伸ばす

①成長期に積んだ経験

私は大学卒業後、食品メーカーに入社し、製品原料となる農産物の調達業務に携わった。その後、会社はその農産物を生産、販売する新事業を立ち上げ、私も参画した。

当時、企業の農業参入には規制も多く、国内事例では珍しいものであった。参画したメンバーは、それぞれの役割に専門特化して取り組んだ。事業が軌道に乗るまでに20年もの時間を要し、私もその分野に特化し、活躍度も高めながら、経験を重ね、40代後半になっていた。

②成熟期に向けた不足部分の認識

そんな中、会社はこの事業のさらなる成長を目指すために、分社化することになり、私はその経営管理にも参画する立場に就いた。一方、これまでの経験知だけで対応できるのかという不安を抱いた。

これまでの専門特化した分野での経験では、経営や人事組織、マーケティング、財務などの分野で役割を果たし切れず、経験知以上の活躍はおぼつかないと思った。そこに、学び直しの必要性を感じた。

③成熟期を70歳まで伸ばすための学び直しを決意

従来であれば、60歳定年までの残り10年間を活躍のピークと考えればよかった。あと10年なら、経験知だけでの活躍も可能かもしれない。

しかし、70歳定年を視野に入れ、あと20年というと難しいだろう。経営管理という新たな役割範囲でも、しっかりと活躍ができる学び直しをする必要がある。そうすることで、あと20年間を活躍のピークにしようと決意した。会社での成熟期のエクステンションである。

（3）会社を退職しても可能な限り活躍を続ける

　会社を退職した70歳からの30年間も考える必要があった。従来20年とみていた引退後の悠々自適ライフの期間を単純に10年伸ばすことは、生活費のことを考えても難しい。なにより、長寿化を恩恵としてとらえていくには、元気ならワークで活躍し続けなければ、もったいない。そこで、自分の体力や状況に応じて、個人として社会参画をし、人生の最後までワークで活躍を続けようと考えた。

　やりがいのあるワークは、ライフそのものともなりえる。「ワーク・アズ・ライフ」という考え方である。明確に引退をすることなく、やりがいのあるワークを生涯通じて最後まで続けていく。

　それには準備が必要となるが、退職後にゼロからスタートをするには時間が短い。会社を退職する前から、仕事と並行した学びや環境づくりが必要になるだろうと考えた。

（4）中小企業診断士という選択

①中小企業診断士という資格を知る

　学び直しとは、具体的に何を学べばいいのだろうか。求められる要件を2つ考えた。1つは、これまでの経験知での不足部分を埋め、今後、会社で20年間、活躍し続けるための経営管理スキルとの親和性や網羅性があること。もう1つは、退職後、個人で独立した開業活動につなげられることであった。

　そのような切り口で資格や講座の類を調べていくうち、経営コンサルタントにおける唯一の国家資格である中小企業診断士という資格を知ることになった。

②診断士資格を選択した理由

　中小企業診断士を含むいくつかのビジネス系の士業、各種民間資格、MBAなどについて情報を集め、比較評価をした。

　中小企業診断士は、全7科目（1次試験）と幅広い分野を網羅し、それらすべての知識を、経営的な視点から活かしていく内容だと評価した。また、民間中小企業に向けた経営コンサルタントを志向した士業であり、国家資格としての公的

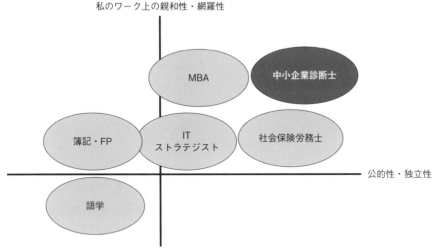

図表 1-3-2　私にとっての中小企業診断士のポジショニングマップ

な位置づけもあって、個人での独立開業のしやすさなども期待ができると考えた。

　中小企業診断士は、よく MBA と比較される。MBA とは、経営学の修了に与えられる学位である。私の学び直しは、修了が目的ではなく、将来にわたって学び続けることである。中小企業診断士としての取得後の活動が、まさに学びのエクステンションでもある。そんな点も、最終的な選択の理由となった。

（5）資格を取得した今、思うこと
①これまでの経験スキルの答え合わせ

　私は 48 歳で中小企業診断士の資格取得を志し、1 年余りの勉強期間を経て合格、49 歳にて企業内診断士としての活動を開始した。活動といっても、診断士としてはまだまだである。東京都中小企業診断士協会のマスターコース、研究会での研修、実習を通じて、先輩診断士や企業経営者の方々から、さらに学び出したところである。

　資格取得に向けた1年余りの勉強では、経営に関して、網羅的に理論を学ぶことができた。これまでの私の正しい経験知は、解釈が深まった知になり、誤った経験知は、修正して新たな知として蓄積した。

　最初から理論を学んでいればとも思ったが、苦労をして得た経験知と照らし合わせることもできる50歳位の今だからこそ、役立つことも多い。また、受験予備校に通学したが、そこでは同じ想いの、異業種、同世代の仲間もでき、刺激も受けた。資格取得に向けた勉強に取り組むだけでも価値があるものだと思う。

②学び直しを繰り返せる、広く深い世界と人脈

　資格取得後も、学習の機会は続く。東京都中小企業診断士協会には、さまざまな分野での学習や研究の場として、多くのマスターコースや研究会が存在している。

マスターコースでの多彩な研修や実習の様子
（上：スピーチ研修、左下：即興プレゼン研修、右下：商品評価実習）

私もいくつかに所属し、研修、実習に取り組んでいる。資格取得で学んだ知識を実務に展開したり、さまざまな経営者の経営思想に触れたりしている。高いモラルと学習意識で臨む先輩診断士の方々の中に身を置くことも、自身の人間力に影響を与えることが多いと感じている。

　この歳になり、「所作、話す、書く」などを基本から学び直せる機会はそうはない。おかしな点は、黙って笑われているだけであろう。意思と素直さを持てば、多彩な学びや人脈を得られる交流機会が広がっている。今後の継続的な学びへの期待を感じている。

(6)「ワーク・アズ・ライフ」で人生100年時代を活躍し続ける

　私は中小企業診断士という資格を選択した正しさを今、確信している。会社でも70歳まで活躍し、並行して退職後に向けた助走を始め、退職後も元気に活躍し続ける画を、描き始められている。

　私のワークと学び直しは、サイクルとして生涯継続していく。活躍度を高め、やり甲斐のあるワークができれば、ワークをライフと区切るものと考える必要もない。やり甲斐のあるワークとライフは、シームレスなものである。引退という概念を持たず、人生の最後までワークの活躍度を最大化していく。

　今は、50歳からのライフサイクル・エクステンションで、その準備を始めたところである。「ワーク・アズ・ライフ」で人生100年時代を恩恵としてとらえ、活躍し続けていきたい。

> # 1-4
> # セルフ・エンパワーメント
> ## ～人生後半の **10万時間** を意識して診断士を目指す～

（1）人生後半の10万時間に気づき、危機感を持った

　サラリーマンとして一企業で30年、役職定年の節目を控えた54歳のとき、私に60歳定年退職に向けたライフプランセミナーを受ける機会が訪れた。

　それまで、定年退職を人生の第4コーナーと捉え、定年後については具体的に考えていなかったが、そのセミナーで、定年後の自由時間が、会社中心の生活で仕事に費やした時間と同じ、10万時間にも及ぶことを知った。

　このことが、将来に対して無為であった自身を変えるきっかけとなった。

（2）セカンドキャリアとして診断士を選んだ

①働くことが楽しいから、定年後も働き続ける

　知的好奇心を満足させる──私の場合、定年後検討の出発点はここにある。後半の10万時間も、正解のないビジネス課題に向き合う中で、学び続け、考え抜き、知的格闘を楽しみたい。

　しかし、学びや知識欲の充足自体を目的としたのでは、10万時間もモチベー

図表 1-4-1　人生前半・後半の10万時間

前半の10万時間：定年退職（60歳）までの仕事時間
　　38年 × 52週/年 × 5日/週 × 11時間/日 ＝ 108,680時間

後半の10万時間：定年退職後の自由時間
　　21.6年* × 52週/年 × 7日/週 × 13時間/日 ＝ 102,211時間

★平均自立期間（60歳男性）：日常生活動作が自立している期間のこと
出典：厚生労働科学研究　http://toukei.umin.jp/kenkoujyumyou/

ションは続かない。種をまき、育て、収穫する生産的貢献（アウトプット）の満足感こそが、長いセカンドキャリアを支えてくれるだろう。

②個の創造性発揮のため、独立（フリーランス）という働き方を志向する

これまでは、1社に仕え、生涯養われる「一所懸命」という働き方だったが、定年後は、フリーランスとして独立し、自立したい。

自立とは、自身で考える余地があり、自身で働き方を決められ、それによって収入が得られることと考える。個の裁量と創造性の発揮による貢献や成果が最も重要で、収入はその結果である。

会社のくびきという制約から解かれ、多数の会社に多数の役割で関わる一人多役で、後半10万時間を生涯現役で「一生懸命」に過ごしたい。

③問題意識からなりたい姿を考え、診断士に決めた

これまでの職歴では、管理会計の知識やスキルを自身の強みとしてきた。診断士という職業は、それを活かせると考えたことが資格取得のベースである。加えて、図表1-4-2に示す「安いニッポン」への問題意識と、その脱却への貢献を念頭に、セカンドキャリアにおいて自身のなりたい姿を考えた。

その結果、中小企業の生産性向上に貢献することをミッションとし、現在のプレーヤーから、成長戦略のコーチになることを理想に、私はセカンドキャリアとして診断士を選び、その受験に目覚めたのだ。

図表1-4-2 「安いニッポン」の問題意識と自身のなりたい姿

日本の風潮：良いものを安く、サービスは無料、利益追求は悪、何かあったらどうする
失われた30年：国際競争力の低下、GDPの停滞、生産性・賃金横ばい
中小企業：企業数の99％、雇用の70％、生産性・賃金とも大企業より低い
診断士：主な業務「中小企業の成長戦略のアドバイス」
セカンドキャリア：「中小企業の生産性向上に貢献する」成長戦略のコーチ

（3）診断士として何を目標とすべきか悩んだ

　それから5年、59歳で診断士登録をすることができた。有資格者にはなったが、診断士として具体的に何ができるのか、何を目標としていくべきか、この時点でもはなはだ心許なかった。そこで、診断士を目指す契機となった問題意識「安いニッポン」に立ち返って考えてみることとした。

①確実な低価格戦略で利益を確保したが、デフレになった

　過去30年、有能な企業は低価格販売で売上・利益を確保するため、非正規雇用への切り替えや海外生産へのシフトで人件費削減を行った。そして、明確化された方針と組織化された努力により、個別の企業としては、「確実に・自社の・短期の」利益を確保するという目的を達成してきた。

　しかし、それは悪い効率化であり、国内の付加価値を減少させ、日本全体をデフレとし、さらなる効率化を迫られる自傷状態でもあった。

②不確実な価値創造のリスクを避け、企業価値への投資が不足した

　生産性向上のもう1つの柱となる価値創造は、課題の明確化が困難で、その成果は不確実かつ長時間を要することも多く、リスクが高い。

　価値創造の源泉は、有形の固定資産ではなく、ヒトが活動することで形成される無形の資産（人的資本や研究開発資産）であるが、こうした無形の資産形成の経費は、将来の収益のための支出であってもバランスシートに計上できない。このため、短期の利益にとらわれ投資を抑制し、企業価値を損なうというトレードオフの罠が待ち受けている。

図表 1-4-3　生産性向上のための活動とドライバ

生産性向上	＝	価値創造の活動	×	効率化の活動
ドライバ		新技術・ニーズ アイデア 多様化・個別化 価格政策		収率の向上 ムダの削減 大規模・集中 人件費削減

図表 1-4-4　短期利益と企業価値、トレードオフの罠

研究開発・人財育成の抑制
非正規雇用の拡充
短期の利益
見えやすい

トレードオフ

価値創造の停滞
企業価値
見えずらい

　リスクを受容・管理して前進するのではなく、「何かあったらどうする」と思考停止したのか、好調に利益を稼ぎながら、人件費増や将来投資を手控え、手許流動性（現金や短期有価証券）をため込む企業が増えている。

③価値創造の推進やマーケティング環境の変化にどう関わるのか

　企業価値を棄損しない良い効率化は、生産性向上の基本として、今後も着実に実行していかなければならない。この面では、私が得意とする管理会計の知識・経験が役立つものと考えている。

　一方で、価値創造の推進や図表 1-4-5 に示すマーケティング環境の変化に対し、診断士としてどう関わっていけるだろうか。

　答えを見い出せずにいたある日、この本の編著者である小林がフレッシュ診断士研究会で、「エンパワーメントは、失われた 30 年への答えになるのではないか」と話した。不確実なマーケティング環境の下で、やる気を出せない社員、働きやすいが働き甲斐のない「ゆるブラック企業」の社員が、潜在する個の力を存分に発揮するようになれば、日本は競争力を回復し、生産性を向上できるというわけである。

図表 1-4-5　マーケティング環境の変化と企業経営

モノ、必需品、改良/改善
低価格、マス販売、間接流通

コト、娯楽消費、画期性/創造性
バラエティ、個別化、p to p

課題の所在：	課題が明確	課題は不明確・多数
解決方法：	機能組織で解決	個人で発見・解決
求めるもの：	組織への忠誠心	課題への興味・関心

図表 1-4-6　エンパワーメントとは何か

> **エンパワーメント：一人ひとりが主体性を発揮することで、**
> **　　　　　　　　　一人ひとりが本来持っている能力を発揮できるようにすること**
>
> 狙い：先が見えない/管理が及ばない中で、新しい何かを創造/現場で個人が解決
> 主体性の発揮：自分で考え・選択し・行動し・責任を取ることを自発的に行う
> 本来の能力発揮：個々人の多様な観点やアイデアで問題解決を担う

　小林の端的な説明に触れ、私には、試験勉強だけでは身につかない、経験と具体策に裏打ちされた知恵が不足していることを痛感した。

④価値創造を進める中小企業にエンパワーメントで伴走する

　エンパワーメントとは、単なる権限委譲ではない（図表 1-4-6）。従来とはまったく違うエンパワーメントというやり方を経営に取り入れることに感じるリスクは大きい。また、主体性発揮を動機づけ、成果に結びつけるための具体的な知恵やスキルが、確立されているともいいにくい。

　それでも、価値創造を進める中小企業にエンパワーメントで伴走し、効率化と価値創造の両面からの生産性向上支援を目標にしたいと考えた。

（4）診断士として必要な能力と独立へのステップを考えた

①経験から知恵やスキルを獲得し、自信をつける

　これまで身につけたことの多くが、単に知っている「知見」のレベルであった。しかも、1社のバイアスがかかっており、説得モードだった。

　中小企業の成長戦略のコーチとなるには、顕在化していないものも含め、経営者が抱える問題意識を引き出すような傾聴力をスキルとし、解決策を「知恵」のレベルで端的かつ具体的に提示できなければならない。そうした知恵とスキルで、自分が役に立てるという自信を持てる段階になれば、リスクを取った独立も可能となるだろう。

②自分との対話で目標達成の価値を再認し、継続力をつける

　業務も業種も縛りのない診断士の世界で、どういう分野で、どんな活動を目標

図表 1-4-7　私が考える独立診断士に必要な能力と定年診断士

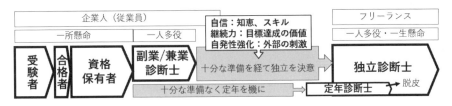

とするのか、再度自問してみた。もちろん、理想と現実にギャップがあり、自分の適性を知らないのが自分自身であったりする。それでも、目標を自身で選び、その達成価値を再認識しておくことは、焦点を明確化し、努力を続けるモチベーションになるだろう。

③外部のネットワークから刺激を得て、自発性を強くする

診断士協会での活動や副業・兼業の機会を通じて、知恵やスキルを得る過程で、先輩診断士や公的機関から信頼を得てネットワークを築きたい。目的を同じくする人々からの評価や承認、顧客からの感謝と報酬などの外部からの刺激が、自発性をより強くしてくれるだろう。

④十分な準備なく定年を機に診断士となる「定年診断士」

定年間際に診断士となった私の場合、副業・兼業期間を十分にとり、十分に前述した能力を蓄えてから独立するのではなく、時間切れで定年を機に独立する「定年診断士」になってしまいそうである。

しかし、人生後半の10万時間を考えれば、定年診断士が最初から独立診断士と同等である必要はない。定年診断士となってからでも、準備する時間は十分にあるのだ。

(5) 診断士を目指した動機はセルフ・エンパワーメントだった

思い起こせば、役職定年、その後に定年を控えているが、先をよく考えていない危機感欠如の状態にあった。また、リスクを避ける自身の姿勢が自分の行動に枠をはめていた。それでも、役職定年ということにモヤモヤとし、潜在的には自

身を変える必要を感じていたのだろう。気づきを得て、診断士を目指したこと
は、今日に続く、自身へのエンパリーメントであった。

　この本を手に取ったあなたは、既に診断士に対して一定の興味や関心を持って
いるはずだ。そして、あなたが何かを変える必要を感じているようなら、まずは
受験へと一歩踏み出すことをおすすめしたい。

　ある同期のフレッシュ診断士が忘年会の場で、「合格以降の活動が楽しくて、
充実した、長い1年だった」と話した。私もまったく同感である。

1-5
ウェルビーイングな世界へ！ 井の中の企業人、診断士を目指して大海を知る

（1）井の中でもがく企業人

　私は長らく30年間、IT企業に勤め続けてきて、今は取締役として経営の一翼を担っている。自分の会社を良くするために、売上や営業利益、プロジェクトのQCD（品質、コスト、納期）を実現するための「やり方」にこだわってきた。しかし、目標未達や失敗も数え切れないくらい多い。そのたびに、次の言葉を唱えながら何とかしようと、もがき続けてきた。

　"Change before you have to"——「変革せよ。変革を迫られる前に」

（ジャック・ウェルチ、ゼネラル・エレクトリック社の元CEO）

　ただし、変わることは容易ではない。いつも、自問自答ばかりしてきた。「何が足りないのか」、「このやり方でいいのだろうか」と。

　私は、2021年に診断士資格を取得した。そして今、トンネルの出口となる光明を見出しつつある。たとえば、皆さんは次の質問にどう答えるだろうか。

　「会社は誰のためにあるのか」

　「顧客のため」、「株主のため」、「社員のため」…答えは十人十色だろう。今の私は、このように言い切れる。

　「会社は、社員、そして家族のためにある」

　診断士を目指す前の私は、違っていた。「誰のため」は二の次で、儲けることこそ重要だと考えていた。それまでの自分は、小さな常識にとらわれた「井の中の蛙」にすぎず、会社が存在する目的を軽視していた。

　今までの私は、「やり方」ばかりに注力していて、「あり方」の大切さを軽視していたのだ。そして今、私は「ウェルビーイング（持続的な幸福）な世界を創る診断士」を目指している。このような考えを持ったのは、実は資格取得後であ

る。ひよっこ診断士にすぎない私が、この動機づけに至った経緯を、これから皆さんと共有していきたい。

(2) 腕試しに診断士試験を受けてみよう

　私は、今まで20種類程度の資格を取得してきた。電気工事士、ITストラテジストなどの各種IPA試験、1級小型船舶免許など内容は雑多だ。

　資格取得は、個人の知識強化に役立つ。「やり方」を模索して、自己の知識習得のため資格取得を続けていたら、いつの間にか習慣化していた。中小企業診断士試験を受けようと思ったのも、この流れの延長線上にあった。経営手法の知識習得に役立つと考え、腕試しに受けてみようと思い立った。

　試験勉強を始めてみて、ワクワクした。1次試験範囲の幅広さと2次試験の能力評価の組み合わせは、学びにぴったりだ。試験勉強を通じて、自身の経営能力が高められるかもしれない。新たな「やり方」を学べると感じた。

　実際に試験勉強を通じて、確かに幅広い領域の知識とロジカルな思考能力を養えたという実感はあった。そして、試験にも合格できたのだが…。

(3)「とりあえず」診断士登録を目指す

　さて、試験合格は、私に何の変化をもたらしたのか。当たり前だが、日常には

私が取得してきた資格（合格証書や登録証）

何の変化も起こらない。今まで同様、「やり方」となる知識と合格証が1つ増えただけである。独学だったので、このまま何もしなければ今回の腕試しは終わろうとしていた。

　ただ、話はここで終わらなかった。試験合格だけでは診断士にはなれない。診断士登録には実務ポイントが必要で、そのためには実務補習などを通じて実際の企業を経営診断する必要がある。面倒だが、やってみることにした。

（4）実務補習で診断士の世界に触れる

　その実務補習が、最初の転機になる。素晴らしい指導員の先生や同じ診断士の卵だった仲間たちと出会い、付け焼き刃なスキルを駆使して、診断先企業に何とか喜んでいただける価値を提供できた。

　それは、とても新鮮な経験だった。1つの企業に長く勤めていると、自社の経営には詳しくなる。ただし、他の企業、特に今まで縁のない業種の企業経営について深く考え、価値貢献できる経験はまれである。こんな刺激的な経験ができる診断士について、もっと深掘りしたくなった。

　そして、新たな悩みが生じた。

　「診断士登録しても、診断士としての能力と経験が足りないのは明らかだ」

　「とはいえ、これから何をすればいいのだろうか」

　当たり前なことに気がついた。資格取得は、診断士としての入口を通過したにすぎない。私は、まだ診断士のスタートライン上に立っただけだった。

（5）「やり方」とともに「居場所」が大切だと気づく

　本格的に診断士能力を高めたいと考えた私は、プロコン塾（プロフェッショナルコンサルタント養成塾）の門戸を叩いた。東京協会中央支部主催の「みんなのプロコン塾」である。

　磨きたい能力は、ずばり、経営診断＆実践能力である。自社の経営のためにも、診断士としても、この「やり方」の磨き込みが必要であり、役に立つと考え

た。塾では、「テオリア・メソッド」という強力な手法を学んだ。経営者の想いを実現するために、明日から実践できる提案にまで磨き上げる手法で、まさに私が求めていたものだ。

　ここで、2番目の転機があった。学んだのは「やり方」だけではなかった。八木塾長をはじめ、先輩診断士や同期の塾生たちと、皆で力を合わせる文化に触れた。そこは、多くの診断士の方々がフラットな人間関係のもとに集う心理的安全性の高い場であり、診断士の「あり方」を磨く上で大切な居場所に出合うことができた。私の好きな、こんなアフリカのことわざがある。

　"Go fast, go alone. Go far, go together"――「早く行くなら1人で行け。遠くに行くならみんなで行け」

　通称「みんプロ塾」は、皆が自律的であり、ティール組織のような理想の場だと感じた。自分の組織もこうなりたい、こうありたいと思った。

（6）新たな学びの習慣化、そして「あり方」の扉を開く

　診断士協会に入ると、他にもいろいろなプロコン塾や研究会に参加でき、多くの学びが得られる。これが3番目の転機になった。

　このメリットを活用しないのは、もったいない。知識習得欲の強い私は、さまざまな研究会に参加して、新たな学びのスタイルが習慣化されていった。そして、強い衝撃を受ける研究会に出合った（これも縁なのかもしれない）。

①SDMウェルビーイング経営研究会（SDM：システムデザインマネジメント）

　埼玉県中小企業診断協会の先端的な研究会である。この研究会では、システム思考とデザイン思考を駆使して、ウェルビーイング（持続的な幸福）の実現に向けた経営戦略を立案する。テレビ会議とオンラインホワイトボードを用いて、リモートでメンバー同士のアイデアを紡いでいく。この過程で生まれた普通では思いつかない戦略を、実際の企業に提案する。

　私は、ここで自分の思考に根づく常識の外し方を学んだ。井の中の蛙のままでは、変革（イノベーション）は生まれない。箱の外に出てみよう。

そして、ウェルビーイングについて、深く思考する機会があった。それまでの自分は、SDGsやウェルビーイングとは、社会が求める以上、やらなければいけないこととしか考えておらず、やりたいとは思っていなかった。

皆さんは、「幸せの4因子」をご存知だろうか。「やってみよう」、「なんとかなる」、「ありがとう」、「ありのままに」という4つの因子が幸せ（ウェルビーイング）につながるというもので、慶應義塾大学大学院の前野隆司教授が提唱している考え方である。これを当研究会で教わり、どうすれば組織が幸せになるのか、興味が湧いてきた。

②人を大切にする経営研究会

東京都中小企業診断士協会の研究会である。当研究会に参加して、いきなり衝撃を受けた。しかも、その衝撃は今でも続いている。

図表 1-5-2　幸せの4因子

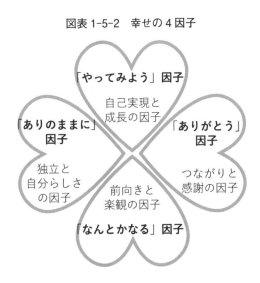

「会社は誰のためにあるのか」

これは、私が冒頭に記載した質問である。それまでの私は、「一般論としては、会社はステークホルダーのためにある。本音は、収益を上げること、儲けることこそが企業の目的である」と信じていた。

だが、この研究会に登壇される会社の経営者は違った。次のように、強い目的、経営理念を持っていた。

・「働きたい仲間がいる。その仲間が働ける場を提供するために、当社は存在している。だから従業員が一番」と宣言する経営者

・「収益は結果にすぎない。収益は目的ではないし、目指さない。やりたいことを実践した結果、収益がついてくるだけ」と言い切る経営者

・「企業の成長よりも企業のあり方のほうが大切」だと断言する経営者

そんな会社の存在が信じられなかった。それは理想だが、現実はシビアでドライだと思っていた。自分の知らない世界が、確かに存在していた。自分の常識が崩れた。そして、「あり方」の大切さを知った。

（7）ウェルビーイングな世界へ

先の2つの研究会を通じて、思うことがある。人を大切にする会社は、幸せの4因子を自然に満たしている。ならば、「もしこの考え方を経営理念の大黒柱にして愚直に実践したら、会社も変わるのでは」、「そんな会社が当たり前に増える

図表1-5-3　人を大切にする会社の優先順位、新たに筆者が目指す考え方

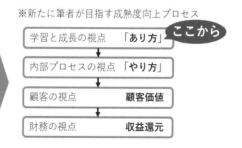

「会社は誰のためにある？」

No.1　社員と、その家族
No.2　仕入れ先と、その家族
No.3　現在顧客と未来顧客
No.4　地域住民、障がい者や高齢者
No.5　株主・出資者

※新たに筆者が目指す成熟度向上プロセス

学習と成長の視点　「あり方」　ここから
内部プロセスの視点　「やり方」
顧客の視点　　顧客価値
財務の視点　　収益還元

ことが、ウェルビーイングへの道なのでは」と、ワクワク感が増幅し始めた。今まで意識していなかった大切な「あり方」がみえてきたのである。

「会社のあり方を大切にして、人を大切にする経営を磨き上げていけば、人々の、組織の、そして社会の持続的な幸福につながっていくのではないか」——こうして、私の中で「診断士資格を取る動機」から脱皮して、「診断士になる動機」が明確になった。

現在は、過去から続く活動・習慣の結果である。そして、未来は今の延長線上にある。もし目指す目的を実現するための診断士活動を習慣化したら、未来を、社会を、変えられるかもしれない。

(8) 診断士として大海を知り、社会を変えたい

診断士だからこそ、さまざまな会社に関わることができる。しかも、経営レベルで関与できる。つまり、多くの会社の未来に貢献できる機会がある。

経営者、そして診断士の1人として、当社の従業員や仲間たち、多くの会社や経営者の想いを大切にして、「ウェルビーイングな世界を創る診断士」を目指していきたい。その動機は、診断士には、多くの会社、つまり社会を変えられる機会があり、ライフワークとして取り組む価値があるからである。

第2章

私はこうして
1次試験に合格した

2-1
バカなサラリーマンこそ 一発合格を狙え

　私が考える "バカなサラリーマン" の定義は、「社会人になってから、遊び・仕事・家族などを言い訳にして、スキルアップのための勉強から逃げ続けてきた人」である。自分のことだと思いあたる人も多いであろう。社会人になってからどころか、大学受験を最後に勉強から逃げ続けてきた私も、その1人であった。

　面倒なことから逃げ続ける人生を送る中で、私は39歳、一人娘が大学受験をするタイミングとなり、自身の今後の人生について真剣に考えるようになった。そして、もう1ランク、社会人としてステップアップをしたい（バカを卒業しよう）という想いから、中小企業診断士を目指すことにした。

　20年以上まともに勉強をしてこなかった私の能力は、難関資格である診断士試験の受験生の中では最底辺の位置にいた。そのような状態から1次試験に一発で合格できたのは、自分の現状を理解した上で、科目合格を狙わず、7科目合計で420点を目指したからだと考える。

（1）3科目だけの合格点突破で1次試験に一発合格

　診断士試験に合格する人には一定数、最初から優秀な人がいる。なかには10代で診断士試験に合格する学生、無料のネット動画を見て数ヵ月の独学で合格する人など、特別優秀な人もいる。しかし、やり方次第では、バカなサラリーマンでも合格することができる。

　私は**図表2-1-1**のとおり、7科目中4科目で60点未満だったが、合計で420点以上取ることで合格した。このようにバランスの悪い凸凹な点数で一発合格を目指すことが、合格するための近道であり必勝法であると私は考える。

図表2-1-1　私の1次試験結果

経済学・経済政策	財務・会計	企業経営理論	運営管理	経営法務	経営情報システム	中小企業経営・政策	計
68	56	54	76	52	68	50	424
合格	不合格	不合格	合格	不合格	合格	不合格	≪合格≫

（2）7科目の合格は無理でも1次試験突破はできる

①自分の強みを活かし、7科目合計で420点以上を目指す

バカなサラリーマンとして過ごしてきた人でも、何かしらの得意分野を持っている。経理関係の仕事をしている人は「財務・会計」、IT企業に勤務している人は「経営情報システム」で高得点が狙いやすいだろう。製造業で働く私は「運営管理」が得点源だった。その強みを活かして、7科目合計で420点以上を目指すのが、最も効率的な合格への道筋だと考える。

②バカなサラリーマンこそ一発合格を狙うべき

たとえば、1年目に3科目合格した場合、翌年は残りの4科目を受験するのが一般的である。しかし、1年目に合格できたのは得意科目、不合格だったのは不得意科目であるケースが多い。また、毎年、科目ごとに難易度の変動があり、受験科目の難易度が高い年にあたる可能性（リスク）もある。リスクは、少数の科目で分散するより、7科目で分散する方が得策である。

不合格だった科目を複数年かけて合格レベルまで上げ、1次試験を突破する根気と計画性を、バカなサラリーマンは持っていない。だからこそ、バカなサラリーマンは、一発合格を目指すべきなのである。

一足先にバカを卒業した私が実践した方法を、次ページの図表2-1-2に沿って紹介する。

（3）おっさんにとって「時は金なり」ではない、時は金以上に価値がある

①私は時間をお金で買おうと考え、受験予備校に通った

年齢を重ねるほど、時間は貴重だと思えてくる。だからこそ、私はお金を使っ

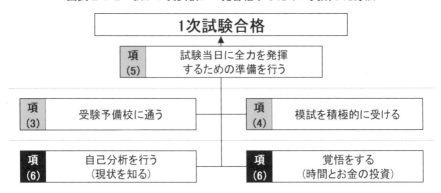

図表 2-1-2　私が 1 次試験に一発合格するために実践した方法

1次試験合格

| 項 (5) | 試験当日に全力を発揮 するための準備を行う |

| 項 (3) | 受験予備校に通う |
| 項 (4) | 模試を積極的に受ける |

| 項 (6) | 自己分析を行う （現状を知る） |
| 項 (6) | 覚悟をする （時間とお金の投資） |

て少しでも早く合格しようと考え、受験予備校に通った。私が感じた受験予備校に通うメリットとデメリットは、図表 2-1-3 の通りである。

②バカにとって一番のメリットはコレだ

　私が考える受験予備校に通う一番のメリットは、週 1 回の講義に向けて、予習と復習を繰り返すというシンプルな日々の目標設定ができ、計画的に勉強する習慣ができることである。

　勉強から逃げ続けてきたバカには、勉強のノウハウも継続力もない。自慢では

図表 2-1-3　受験予備校に通うメリットとデメリット

メリット
✓ 決められた講義スケジュールに沿って効率的かつ計画的に勉強ができる （勉強慣れしていない私には非常にありがたかった）
✓ 生講義のメリットを享受できる（集中できる、すぐに質問ができる、講師 から裏話が聞ける）
✓ 勉強仲間ができる（私は今でもその時の仲間4人との交流を継続）
✓ 勉強仲間との情報交換や刺激を与えあえる（サボりにくい、、、、）
✓ 自習室を活用することで「集中して勉強できる環境」が手に入る
✓ 家庭の平和が守れる（テレビや掃除機の音など、家で勉強すると家族に 何かと気をつかわせる）
デメリット
✓ 費用面（独学や通信教育よりも相対的に高い）
✓ 受験予備校まで通う負担（交通費、移動時間）

ないが、子供の頃、親に頼んでやらせてもらった通信教材○○ゼミも、途中で投げ出した男だ。

　そのような私でも、自分で稼いだお金で、自分で真剣に選んだ受験予備校で、本気で勉強をしたら、最後まで逃げずにやり切ることができた。そして、１年目に１次試験、２年目で２次試験を突破できたのである。

　受験予備校への通学は、独学や通信教育等と比べて費用面の負担は大きいが、合格までの時間を短縮できる。費用対効果は非常に高い。だからこそ私は“時は金以上に価値がある”の考えに共感し、早期合格を目指す人には、受験予備校への通学を強くおすすめする。

（4）模擬試験は一皮むける絶好の機会

　学生時代に部活動をやっていた人は、①試合前にモチベーションを上げて努力し、②試合中に実践感覚を養い、③試合後の反省で自分に足りない部分に気づき、④再び努力して力をつける、という経験をしたことがあるだろう。診断士試験も同じである。

　私は受験予備校の模試を１次試験直前期の5〜7月に計３回受けることで、図表 2-1-4 のように段階的に力をつけた。１回目と２回目は 400 点以下、３回目で410 点を超えて本番は 424 点を取り合格した。１回でも回数が少なければ、一発合格できなかったと思っている。

図表 2-1-4　模試を活用した成長曲線（私の場合）

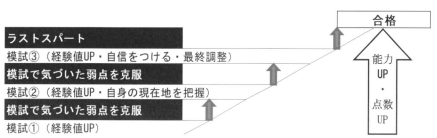

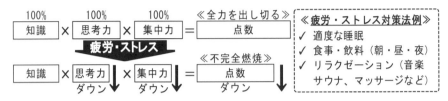

図表 2-1-5　試験直前期に乗り越えるべき敵は疲労とストレス

（5）年に 1 回の試験で全力を出し切る

　試験直前に最優先するべきことは、全力を発揮できる状態にすることだと考える。全力を出し切ることができる状態で本番を迎えることで、合格へ近づく（図表 2-1-5）。また、模試を受ける際に、「昼に何を食べるか」、「どのタイミングで栄養ドリンクを飲むのか」などのシミュレーションを行うこともおすすめしたい。

（6）一発合格に必要な自己分析と覚悟

①私は受験を決めてから、こうして 1 次試験に一発合格した

　試験合格に必要な勉強時間は、1 次・2 次合計で約 1,000 時間といわれる。しかし、私は 1 次試験だけで 1,300 時間を費やした。私には、それだけの時間が必要だった。

　そんな私でも、図表 2-1-6 のとおり、正確な自己分析と覚悟をすることで、1 次試験に一発合格することができた。

②家族の支えと新しい出会いにより、正確な自己分析と覚悟が継続できた

　私の勉強への覚悟が継続できたのは、私を理解し支えてくれた家族の存在が一番大きく、心から感謝している。正確な自己分析ができたのは、受験予備校での良き講師や切磋琢磨できる受験生仲間との出会いが大きい。

　本気になり自ら積極的に行動したからこそ、家族も支えてくれ、新しい良い出会いにも恵まれたと思っている。受験勉強について悩んでいる方は、この本を読み終わり次第、迷いを捨て、まずは行動することをおすすめする。

図表2-1-6　私が1次試験に一発合格するまでの過程

STEP ①　（－）悩み・問題
≪自己分析をする≫
(-) 勉強をする習慣・ノウハウがない
(-) 集中して勉強する環境面に不安
(-) 仕事が忙しく、平日の勉強が困難

STEP ②　（＋）解決・解決策
≪情報収集をする≫
(+) 運営管理はイメージがつきやすい
(-) 財務・会計は特に難しそう
(-) 1次・2次合格に約1,000時間必要

STEP ③　（－）悩み・問題
≪情報を加え、再度自己分析をする≫
(-) 運営管理以外の自力合格は困難
(-) 自宅での独学での合格には数年必要
(-) 勉強と仕事の両立ができるか不安

STEP ④　（＋）解決・解決策
≪弱点を克服する手段を選択する≫
(+) 受験予備校に通い効率的に勉強する
(+) "家から近く、自習室がある"所を選ぶ
(+) 体験授業を受けて予備校・講師を選ぶ

STEP ⑤　（－）悩み・問題
≪受験予備校で勉強を始め現実を知る≫
(-) 中途半端な覚悟では絶対受からない
(-) 約1,000時間で1次・2次合格は不可能
(-) 目標を"1年目で1次絶対合格"に変更

STEP ⑥　（＋）解決・解決策
≪覚悟を決めて勉強の鬼と化す≫
(+) 毎朝4時から2時間勉強する
(+) 休日は朝一から22時まで予備校で勉強
(+) 正月・GWは全て勉強に費やす

STEP ⑤～⑥で行った勉強方法　（＋）解決・解決策
(+) 通勤電車の中で講義の音声を1.5倍速で聴き"予習・復習"をする
(+) 受験予備校のトレーニング問題集を繰り返し解く（3目以降は完全に覚えた設問は○をつけ、その後は○がつくまで繰り返す）
(+) テキストよりも"問題をたくさん解く"、"解答・解説の内容を何度も読んで深く理解する"ことを重視する（私にはこのやり方が合っていた）

GOAL
1次試験
一発合格

（7）2次試験と診断士活動に向けて

①必要なのは思考力・コミュニケーション力・調整力

　ここまでの内容を読んで、合格レベルに到達しない科目があって、2次試験やその後の診断士活動は大丈夫なのかと思われる方もいるだろう。しかし、合格の必須条件である「1科目40点以上」をクリアできる実力があれば、2次試験を合格するための最低限の知識は有している。あとは、過去問を解いて、2次試験用のポイントを押さえれば、知識面では十分合格レベルに到達できる。診断士活動においては、大まかな理解さえできていれば、細かい点は必要なときにインターネットや本で調べれば、十分に対応できる。

図表 2-1-7　2 次試験と診断士活動に共通して必要なスキル

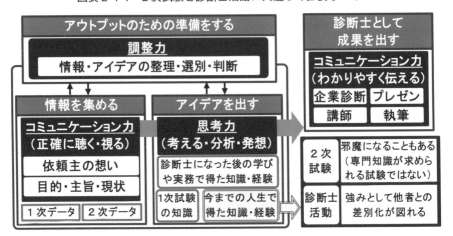

　2 次試験と診断士活動に共通して必要なスキルは、図表 2-1-7 に示した「思考力・コミュニケーション力・調整力」だと考える。この 3 つのスキルを磨くことが、診断士としての明るい未来につながるだろう。

②私の考えに共感される方へ "やればできる"

　私の考えに共感できるバカなサラリーマンは、「逃げ続けてきたからこそ伸びしろがある、やればできる」と信じ、覚悟を決めて努力をしてほしい。合格後にご縁があれば、元バカなサラリーマンであった診断士仲間として酒でも飲み交わしましょう。お待ちしております。

2-2
40代から独学で1次試験に合格する法

（1）40代目前で、やる気スイッチオン

　中小企業診断士と社会保険労務士の資格を持つ男の話である（資格取得は、社労士→診断士の順）。

　私は40歳を目前にして、とある独立行政法人主催の勉強会のチラシを見つけた。その勉強会で出会った老若男女の体験談を通じて、資格取得に開眼した。いわゆる、「やる気スイッチ」がオンになった。子供だけではなく、私のようないい年をしたおじさんにも、やる気スイッチはあったのである。

　当時在籍をしていた会社の役職定年（役職が外れて、後進に道を譲ること）が55歳であったため、その次のキャリアを見据えてのキャリアプランニングを考えるきっかけにもなった。

（2）Time is Money、Money is Time

①家族から時間をもらう

　39歳。趣味の草野球に明け暮れていた。試合のある日は、1日に2試合は当たり前であった。しかし、今度は資格取得に没頭することにした。いずれにしても、家族との時間を自分のために使うことである。当然のことながら、「勉強をさせてもらう」以外のわがままはいえないし、いわないと心に決めた。

②自己啓発は自己投資

　自分の未来のためなので、自分で資金を出すことにした。したがって、家計からは一切、出さないことを誓った。そのかわり、遠回りだがしっかりと計画を立て、時間でお金を買うことにした。だからといって、絶対にダラダラすることはしない。自分の未来像（なりたい自分像）を描くことで、最大のパフォーマンス

を発揮できるように自分を奮い立たせた。

③過去問はおいしい

過去問は、私にとっては宝の山である。コツコツと3回は解く。まず、1回目は少し考える。わからなかったら答えを見てもよい。問題文の「どこをどうして理解していなかったか」、そして、答えを見た結果、「どのように理解できたか」が重要である。2回目は、1回目よりも流して解く。どこがわからないかをチェックしていく。3回目も、2回目と同じ要領である。

その中で、前回「？」マークがついていた問題が、他の問題をやることで自然と理解できていくこともある。前回わからなかったところが、腑に落ちたと思えることは爽快であった。

④未来問は2度おいしい

私は、各予備校の講師がその年の試験を全力で予想する模試を、「未来問」と位置づけた。実は、これは2度おいしい。

1度目は、テストそのものである。できれば、会場受験がよい。試験の緊張感や実際の時間配分、そして受験に臨む体勢（体の姿勢）の確認をする。偏った体勢になっていないかである。これは、7科目ある長丁場の試験では実は大切である。

2度目は、答え合わせで自分の弱みを洗い出し、直前のヒヤリハットの再確認ができる。たとえば、「以上」や「未満」のような、見落としがちな言い回しなど、理解が曖昧な部分を見つけ出せる。わかったつもりで、実はなんとなくしか理解できていないことをあぶり出すのが目的であり、直前期に行うことが重要な作業になる。

⑤マイノート作成

過去問や模試が終わったら、自分の苦手な部分や要注意箇所をマイノートにした。今度は繰り返し読み、短期記憶から長期記憶にするのである（**図表2-2-1**）。

⑥時は金なり〜隙間時間の見つけ方〜

これは、読者の方々も普段から心がけていると思われるが、些細な時間でも無駄にしないことである。マイノート7科目分を1週間に1回は読むことにした。

図表 2-2-1　筆者のマイノート

マネーサプライとハイパワードマネー（マネタリーベース）

$$M = \frac{C/D + 1}{C/D + R/D} \times H$$

M：　マネーサプライ　　　　　M＝C＋D　　　D：政府取扱機関の預金
H：　ハイパワードマネー　　　H＝C＋R　　　R：日銀当座預金、政府取扱機関の保有現金
C：　現金通貨
D：　預金通貨
C/D：現金預金比率
R/D：法定準備率

金融機関が直接的に操作するのはハイパワードマネー
中央銀行が直接供給している貨幣量をハイパワードマネーとよび、経済全体に存在する貨幣量をマネーサプライとよぶ
信用創造を通じて、マネーサプライはハイパワードマネーよりも大きくなる

時間は到底足りないが、総ページ÷7日で1日のノルマを決めた。

　1問でも多く解けるように、あらゆる時間を使った。幸いにもバス通勤で始発地点から乗ることができたので、早めにバス停に着いて席を確保。もちろん、バスを待っている間も進める。

　会社に着いても、始業前はひたすら解いた。帰りのバスも同じである。出張の移動時間も、時間があれば1問でも多く解く。とにかく、どんどん進める。家でも空いている時間はつぎ込む。ノルマが終わったら、翌日の分も進める。そうすると、かなり早めに1冊を終えることができる。

　そして、昼休みは暗記系の知識のインプットにあて、毎日、繰り返し読み込んだ。このインプットの時間は、とてもいい気分転換にもなった。

（3）いざ試験へ

①受験票到着

　受験票は基本中の基本のマストアイテム。これを忘れたら、受験はできない。完全な負け戦になる。そのため、受験票は当日までなくさないように、仏壇にしまっておく。この際、なりふり構わず、ご先祖さまの力も借りる。特におばあちゃん子だった私は、ここでも甘えた。

②試験当日の朝

朝起きてご先祖さまを拝んだら（お願いをしたら）、受験票を仏壇から取り出して、筆入れに入れる。その筆入れはすぐに鞄に入れて、朝食をとる。

出発前は指さし確認をして、鞄の中身をチェックする。鞄は参考書などが多く入るのでデイパックにした。シャープペンは10本くらい、消しゴムは5個ぐらいを、少し大きめの筆入れに用意しておく。

行きの交通機関でもマイノートの熟読は欠かさない。改めて、「以上」や「未満」などの曖昧な言葉に注意することを確認。試験会場には、1時間前には到着する。会場でアタフタしないように、会場の最寄駅のお手洗いを利用する。

私は痛風持ちで、朝に利尿剤を服用しているので、念のために発着の駅、それぞれを利用する。当然のことながら、必要以上の水分は取らない。試験日において、私にとってコーヒーやお茶はご法度だった。

③いざ戦場へ

戦場（会場）に着いたら、シャープペンはそのときの気分（相性）で3本ほど選ぶ。もちろん、芯がすべて入っていることを確認する。消しゴムも3個ぐらい用意し、万が一、落としてもいいようにしておく。これは、自分なりのやる気の表れである。

時計は、デジタルのものを用意する。アナログよりデジタルの方が、一目瞭然だからである。念のため、腕時計と置時計を用意してもいい。まずは受験への環境整備をしっかりと行い、不安をなくすことが重要となる。

④会場での落とし穴

ここで大切なのは、夏でも必ず上着（カーディガンや春秋用の薄めのジャンパー）を用意すること。特に1次試験は夏なので、気を抜かないようにする。会場では、座る席の場所によって、直接クーラーからの風が当たることもある（真夏の防寒対策、使わないに越したことはないが、用意は大切である）。こんなときにも、デイパックは便利である。

足元が冷えないように、サンダルではなく靴にする。とにかく、試験場で「あ

れを持ってくればよかった」というネガティブな気持ちでのスタートは避けたい。試験に集中するため、余計なことに気を遣わない。

　ここで可能であれば、もう一度お手洗いに行っておく。混雑を想定して、試験開始の30分前にはすませておきたい。当然、試験開始15分前には着席。もう動かない。そして、最後のインプットに徹する。

⑤いよいよ試験開始

　試験が始まったら、自分の時計の開始時刻を表紙に記入する。試験官の時計の開始時刻が、必ずしも自分の時計の開始時刻ではないからである。たとえば、試験官の時計で13：30：00に開始しても、自分の時計では13：29：30になっている可能性もある。そのため、問題用紙には自分の時計が表示する13：29：30を記入する。

⑥ただいま試験中

　私は問題を解く際、下の写真の通り、問題が適切なものを選ぶ「○問」のときは○、不適切なものを選ぶ「×問」のときは×を問題の横に書くようにした。時間との勝負に焦っていると、今、解いている問題が「○問」なのか「×問」なの

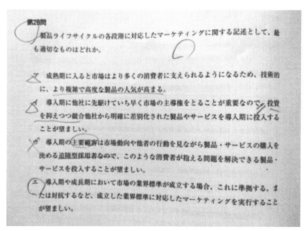

試験問題への○・×の記載方法

かが、わからなくなってしまうことがある。そこで、その問題が○を答えとするのか、×を答えとするのかを一目瞭然にしておくためである（ちなみに、写真は「○問」の例である）。

　また、各選択肢が○（適切）なのか×（不適切）なのかを「ア、イ、ウ、エ」（４択の場合）の近くに記入する（自信のないものは△→後で見直し）。そして、「○問」のときは○をつけた選択肢、「×問」のときは×をつけた選択肢を解答する。

　最後に、試験時間は丸々使うこと。終わっても早く退出しない。まわりが早く出ていっても気にしない。「早く退出する人＝合格する人」ではない。

（4）モチベーションの保ち方

　合格までの長い道のり、モチベーションを保つのは大変である。モチベーションが落ちそうになったとき、私は次の３つの可視化を通じて奮起した。

【試験前の可視化】

・勉強時間をエクセル（図表2-2-2）で管理する（可視化する）ことにより得られる、今までこれだけ頑張ったという達成感

図表 2-2-2　勉強時間管理エクセルシート

	1 中小経 2	1 中小企 2	1 中小運 2	1 中小法 2	1 中小情 2	1 中小政 2	日集計
2018/7/27	0	0	0	0	90	0	90
2018/7/28	0	0	0	0	0	220	220
2018/7/29	20	0	480	0	0	0	500
2018/7/30	0	0	30	0	0	90	120
2018/7/31	0	0	30	0	0	90	120
2018/8/1	50	0	20	0	0	90	160
2018/8/2	0	100	0	0	0	0	100
2018/8/3	0	0	120	120	90	0	330
2018/8/4	10	40	10	0	0	90	150
2018/8/5	5740	7290	6820	30	10	20	60
2018/8/6				4860	3810	5660	0

※単位は分。8/4 と 8/5 は試験日。
　縦計は 1/1〜試験当日までの総時間分数。網掛け科目はその年の合格科目。

【試験後の可視化】

・資格を取ったときに周囲に公表する（可視化する）というモチベーション（自らの名刺やJ-SMECAの診断士検索サイトなど）

・合格証を額縁に入れて家に飾る（可視化する）という（自己）満足感

（5）おわりに

　長々と書いたが、私は資格試験においては、「敵は我にあり」だと思っている。最善を尽くせるように、自分をいかに律することができるかが大事である。なりたい自分、こんなことがしてみたいという思いを胸に、楽しい勉強期間を過ごしてほしい。近い将来、診断士としてお会いできることを祈念している。

2-3
30 の資格取得から得た
1 次試験最短ルート合格法

　診断士協会のイベントや組織活動は活発である。私は診断士になって間もないが、活躍されている先輩方を目にする機会が非常に多い。つまり、中小企業診断士は、単なる資格ではなく、自らの可能性を拡げる機会にもなりうる。そのためには、効率よく試験合格を果たし、1日も早く診断士として活動を始める必要がある。

　そこで、初回受験で1次試験を突破した私の勉強法が、読者の最短合格実現の一助になれば幸いである。

（1）過去問メインの独学スタイルで挑む

　私は総合電機メーカーに属する40代の企業内診断士であり、技術および経営の両面からプロジェクトの取りまとめに携わっている。小さい頃からものづくりが好きであったことや、友人や同僚から相談を受けるなど世話好きであったことから、経営者の拠りどころを目指して診断士資格の取得を決意した。

　まだ技術者として駆け出しの20代の頃より、体系的な知識習得のために技術系資格を中心に30ほど資格検定を取得してきた。当然、本業優先であったため、試験勉強は効率と効果を重視し、最短合格を目指した。その手法は、過去問をバイブルとする独学スタイルである。

（2）1次試験と2次試験をセットで考える

　最終目標が試験合格であったことから、1次試験と2次試験をセットでとらえた。平日は1次試験の学習、週末は2次試験の学習を並走させる形で進めた。これは、暗記と思考の切り替えによる知識の定着化、学習意欲の向上および効率的

な時間活用の意識づけなどの効果があった。

（3）合格への最短ルートを描く

　1次試験の合格に必要となる要件と現状の自身の実力を把握し、それらを直線で結ぶことが合格への最短ルートになる。そこで、まずは要件把握のために、年度ごとの過去問10年分と7科目分の最新テキストを揃えた。

　次に、実力把握のために過去問3年分を分析した。具体的には、解答を見ながら各設問に対して解答の可否を想像（○：できる、△：できそう、×：できない）し、最後に科目全体を通しての気づき（既出・新出の出題傾向、○△×の割合、3年分の傾向の変化など）をエクセル表にまとめて全体を俯瞰した。

　以上を踏まえ、**図表2-3-1**のように対策（＝最短ルート）を設定した。この段階では一部不確実な部分もあったが、全体的にテキストおよび過去問を学習することで及第点（全科目で6割）を確保できると判断した。よって、過去問以外の予想問題集や模擬試験への取り組みは見送ることにした。

図表2-3-1　科目ごとの最短ルート（要点のみ）

科目	分析結果および対策
経済学・経済政策 企業経営理論 運営管理 財務・会計 経営情報システム	年度ごとの出題分野のバラツキが低い印象。テキスト学習で十分。なお、「財務・会計」と「経営情報システム」は、簿記検定および情報処理試験の基本的理解あり。
経営法務	年度ごとのバラツキが高く設問数が少ないため、リスクが高い印象。別途対策を検討。
中小企業経営・政策	「中小企業政策」はテキスト学習で十分、「中小企業経営」は出題範囲が広い印象。中小企業白書が有用か要確認。

（4）学習効果とモチベーションを高める

　羅針盤となる自作カレンダーに沿って、長期的な学習を開始する。実行にあたっては、学習効果やモチベーションを高める工夫を取り入れ、それらを日々見直し、修正していくことで意欲的に学習へ取り組む。

①自作カレンダーを作成

　エクセルで自作カレンダーを作成し、計画と実績を見える化した。まずは、科目ごとに理解、興味度合い、テキスト文量等をもとに学習に必要な日数を割り出し、カレンダーに当てはめた。私の場合は、1日を3コマ（平日の場合、朝の自宅学習、日中の通勤電車学習、夜の自宅学習）に分け、通勤電車学習をテキスト確認にあてるなど、状況に合わせて計画を組んだ。

②テキストを辞書的に活用

　テキストは、必要な箇所だけを理解および暗記した。まずテキストをざっと通読し、次に過去問を解き、テキストの理解すべき箇所にマークやメモ書きをしていった。つまり、テキストを最初から最後まで熟読せずに辞書的に活用した。これにより、出題実績があり理解不足な箇所のみを自分の言葉でテキストに記録することができ、その後の暗記のしやすさや暗記すべき量を削減する効果があった。

③得意科目や計算系科目からスタート

　得意科目や計算系科目を先に学習した。これは、学習を加速させ進捗に対する安心感を得るためである。私の場合は、「経営情報システム」や「財務・会計」を先にこなし、「中小企業経営・政策」や「経営法務」等の暗記系科目には後から取り組んだ。

④できなかった問題にフォーカス

　過去問に繰り返し取りかかるにあたり、1回目に不正解であったり理解が曖昧であったりした設問のみに絞り2回目を解くようにした。できなかった問題に集中的に取り組み、その数を徐々に減らしていくことで、学習効果向上と学習時間短縮を図った。

⑤カレンダーで方向修正および達成状況を確認

　カレンダーは試験日までの大計画をラフに立て、直近1ヵ月分の小計画については詳細化しておく。それを、日々の学習前後に確認または修正するようにした。その際に、よくできた点や反省・強化すべき点をカレンダーに記録しておく。これは、これまで進めてきた実績への達成感や、着実に合格へ近づいている計画への安心感を得る効果があった。

⑥弱点科目の補強対策

　以上をベースに全体学習を進める一方、「経営法務」については足切りになる可能性を考え、個別に補強対策を打った。まず、テキストを学習しても解き方がわからなかった過去問に対しては、テキストに準拠した問題集を追加購入し、テキストから過去問への中間教材とした。

　次に、年度ごとの試験傾向のバラツキが高く、体系的に理解することが難しかった問題に対しては、「経営法務」だけが収録された10年分の過去問を追加購入した。科目の内容が分野別にまとめられており、弱点分野とその周辺分野の体系的な理解につながった。

(5) 試験当日の武器を創り上げる（ファイナルペーパー）

　各科目とも1〜2ページのまとめ資料（ファイナルペーパー）を作成し、日々の学習を通じてその内容をブラッシュアップし続け、試験当日の持参資料にした。その内容は、テキストの要約や自身のノウハウを簡潔にまとめたものである。この効果は、テキストを毎回調べなくてもいい、知識や理解を体系的に整理できる、自身のノウハウを言語化できる、試験当日にテキストを持参しなくてもいい、試験直前に5分で内容を見返せることなどである。

　なお、試験直前に見返せる分量であることが条件であるため、内容を連想できるようにまとめ方を工夫した。また、学習開始当初より作成を開始することが重要である。これは、日々の学習で得られた知識やノウハウを加筆修正することで、自身に最適かつ実効力のある生きた知識体系になってくるからである。

図表 2-3-2　ファイナルペーパーの例（「中小企業経営・政策」の抜粋）

製造、建設、運輸	3億/300人	20人
卸	1億/100人	5人
小売、飲食	5千/50人	
サービス	5千/100人	

		企事	99		従	70	比は
中小	小＞サ＞建＞製			製＞小＞サ＞建			医
小規模	小＞サ＞建＞製	企 事	85 70	建＞製＞小＞サ	従	25	比は 建

・企業数→一貫減少、医は一貫増加、ガス増、他は一貫減少　　大↓、中↑、小↓、小売が最大減、業歴長く小規模が減少　　比は→
・従業数→　　医は一貫増加、　　　　　建他は一貫減少　　　　　　業歴長いと減少　　　　　　　　　　　　　比は↑
・開業 6.5（サ＞小＞卸＞製）、廃業 6.6（小＞卸＞製＞サ）、日本は最低

売上高	％	額	比	付加	％	額	比
中小	45	卸	医	価値	55	製	医
小規模	10	建			15	建	

	売上高 経常利益率	総資本 回転率	自己資本 比率	付加 価値率	労働 生産性
高	学サ＞不＞製	小	情報＞製	サ	不動産
低	卸	不動産	飲サ	卸	飲サ

・労働分配率は中小 7 割＞大 5 割
・交差比率＝売上高総利益率×商品回転率
・労働生産性＝付加価値額/人、資本装備率＝有形固定資産/人、資本生産性＝付加価値額/有形固定資産

■白書（中小企業）
・GDP→増加、成長率 1.7％、輸出
・売上→大（＋卸、＋製）、中小（＋サ、＋小、－建）
　経常→大（＋売上、－人件費/減価償却）、中小（＋売上、－変動費/人件費）
・投資→大＞中小、銀行貸出→増加
・倒産↓、休業解散↑（足元↓）、直接投資は 7 割中小、外国人（6 倍、5 倍買物消費）、輸出→生産＞電気＞金属、海外子会社→製＞卸＞情＞サ
・常用雇用 0－6 人で 8 割、個人が半数
・オーナのみで経営 3 割、影響力は役員・従業員・組合、4 割が中小のまま（創造的活動ができる、人材マネジメント）
・付加価値（労働生産性）は大↑（製）、中小→（製）
・大は①⑥で中小は④③、業歴 20 年は①業歴長いと④、建①で製④、⑤⑥は人材育成で③④は設備投資

(6) 試験当日をイメージトレーニングする

試験当日に、普段通りの力を発揮できるよう準備する。試験では、少しでも正答率を高めたいと普段と違う対応をしがちになるが、満点を取る必要はなく、時間内に合格点を確保することが先決であることを強く意識しておく。

①解答スピードを上げる

試験中の時間確保のために、解答スピード（判断力、瞬発力）を上げる。具体的には、瞬時に解ける設問から解く、設問を読まずに選択肢だけを読むなどの時間短縮につながる解き方（実行手順、思考プロセス）をトレーニングしておく。

②焦りや緊張をコントロールする

事前準備が整い、十分に自信があったとしても、難問に遭遇した場合などに焦って思考停止に陥ってしまうことがある。そこで、緊張緩和のための自己暗示メッセージを 1 枚用意し、試験前夜や当日の精神安定剤にした。

図表2-3-3　自己暗示メッセージ例（2次試験のもの）

共通　　※合格答案か？（因果・要点でシンプル化、キーワードで充実化）

■心得
・隣の人が静かだったら等、必要以上に期待しない。持っている武器で解答（作業）してくるだけ。
・7割の力で65点を狙う（高すぎず、低すぎず）、80分でできることを淡々と機械のように作業する。
・あー早く終わってほしい、最後だし楽しむかー、なるようになる！

■解き方
・現場で解答を作ったり分析せず（時間のムダ）、今までやってきたことをそのままでいい。
・ここの記述からこうしたと、読みやすく、専門家らしく、アピール。
・記述というより数択のパターン問題、80分の圧迫感が和らぐ。誰でもできるところはさらっと。

■初見
・難しい設問がある一方、普通の設問もある。
・落ち着き、持っている武器でいつもの対応を。冷静さを試す試験。
・わけの分からない問題は適当に流し、戦わず50%でいい。みんなこれ見て困ってるだろうなくらい。

③試験日の行動を事前にシミュレーションしておく

　試験日の1週間前に、試験会場へ下見に行った。試験日と同じ服装で、同じ時間帯に家を出発し、コンビニでの昼食の確保、電車の車両や混み具合、試験会場までの徒歩経路などを確認した。また、電車遅延や受験者行列による混雑を想定し、30分前行動を心がけた。このように想定されるトラブルへ前もって対応しておくことで、当日の時間や安心感を確保できる。

（7）1次試験の知識は診断士活動の基礎になる

　1次試験で得た知識は、試験合格後も診断士活動の基礎として必要になってくる。そのため、学習の当面の目的は試験合格ではあるものの、近い将来のための基礎づくりでもあると認識し、より一層のモチベーションアップにつなげていただきたい。

勝負は受験科目選択から始まっている
～1次試験の戦略的攻略法～

　中小企業診断士の資格取得を目指す背景や受験の状況は千差万別である。経験も勉強時間の制約も異なるさまざまな人々が、毎年約1.5万人受験している。1次試験は絶対評価であるため、一定の基準を満たすことができれば、強力なライバルに勝てなくても、合格することは可能である。ただし、自分に合った勉強方法を知り、戦略を立てなければ、合格に達する基準を満たすことはできない。

　ここでは、その中でも一番テクニカルな戦略である1次試験の受験科目選択について伝えたい。

（1）あなたの勉強開始時期はいつ？

　あなたが1次試験を受験するまでに、あとどれくらいの期間があるだろうか。診断士の1次試験に必要とされている勉強時間は、800時間といわれている。そのため、ストレート合格を目指すのであれば、1日2時間勉強した場合でも、1年間の準備期間が必要となる。それでは、あなたが今、この本を読んでいるのが4月だったらどうするべきか。

　1次試験は基本的に8月の第1週となるため、あと4ヵ月ほどで試験に臨まなければいけない。あなたが勉強を得意とするタイプだったり、既に科目の知識を持っていたりする場合には、4月からでも7科目の合格は狙えるだろう。ゴールデンウィーク過ぎから勉強を始め、7科目合格を果たす人もいる。一方で、標準的な進め方をするのであれば、4月からの7科目合格は難しい。

　そこでおすすめしたいのが、科目合格である。たとえば、試験までの4ヵ月で3科目の科目合格を狙い、次の1年で残り4科目と2次試験の合格を狙うのである。また、試験までにはあと1年あるけれども、勉強時間を確保するのが難しい

図表 2-4-1　1次試験の勉強時間（イメージ）

	9月	10月	11月	12月	1月	2月	3月	4月	5月	6月	7月	8月 1次試験
1年前提	経済学・ 経済政策	財務・会計		企業経営理論		運営管理		経営法務		経営情報 システム		中小企業 経営・政策
4ヵ月前提								経営法務		経営情報 システム		中小企業 経営・政策

　場合も、科目合格を活用し、2年かけて合格するプランを立てるといいだろう。自分の状況とライフスタイルに合わせて科目選択を行い、戦略的に受験できるのは、この試験の魅力である。

　私は、1次試験の勉強を開始したのが4月だったため、予備校の1.5年コースを活用して勉強を進めた。このコースでは、1年目で試験2日目の3科目、2年目で試験1日目の4科目の合格を狙う。私の場合、1次試験で必要となる知識があまりなかったため、学習時間の確保が必要だったこと、平日は仕事があるが夜と週末は勉強時間を確保できることから、この選択を行った。

　まずは、試験までどれくらいの時間があるか、どれだけの勉強時間を確保できるかを考えて、科目合格の活用を検討してみよう。

（2）科目合格のメリット・デメリット
①科目合格の落とし穴

　科目合格には、気をつけなければいけない2つの落とし穴がある。

　まず、科目合格するには、1科目で60点以上を取る必要がある。仮に、初年度に4科目を受験することにした場合、4科目の合計が6割を超えていても科目合格することはできず、受験するすべての科目において60点以上を取らなければならない。これは、受験しなかった科目は免除されたわけではなく、0点とみなされるためである。

　次に、難化した科目のリスクが高まることである。診断士の試験は、その年によって、各科目が易化・難化し、どの科目で点数を稼ぎやすくなるのかはわから

図表 2-4-2　1 次試験 科目合格率の推移

科目	平成 27 年度	平成 28 年度	平成 29 年度	平成 30 年度	令和 元年度	令和 2 年度	令和 3 年度
経済学・経済政策	15.5%	29.6%	23.4%	26.4%	25.8%	23.5%	21.1%
財務・会計	36.9%	21.6%	25.7%	7.3%	16.3%	10.8%	22.4%
企業経営理論	16.7%	29.6%	9.0%	7.1%	10.8%	19.4%	34.7%
運営管理	20.5%	11.8%	3.1%	25.8%	22.8%	9.4%	18.5%
経営法務	11.4%	6.3%	8.4%	5.1%	10.1%	12.0%	12.8%
経営情報システム	6.4%	8.5%	26.6%	22.9%	26.6%	28.7%	10.6%
中小企業経営・政策	12.2%	12.5%	10.9%	23.0%	5.6%	16.4%	7.1%

＊1 次試験合格者は含まれない。
出典：中小企業診断協会「科目受験者数・科目合格者数」より作成

ない。得意科目は個人で異なってくるだろうが、試験そのものの易化・難化も合格を大きく左右する要因となる。

　1 年で 7 科目を受験した場合には、すべての科目で 40 点を超えており、7 科目合計の得点が 6 割を超えていれば合格となる。つまり、難化した科目で 40 点を取ってしまっても、他の科目で 20 点をカバーできれば、合格することができる。そのため、受験科目数が多ければ多いほど、難易度の高い科目のカバーがしやすくなる。

　図表 2-4-2 の通り、1 次試験は年度によって科目合格率のバラツキが大きい。たとえば、平成 29 年度に 3.1％だった「運営管理」の科目合格率が、翌年には25.8％になっている。

　もし、合格できていない科目が 1 科目だった場合、その科目だけで確実に 60点以上を獲得する必要がある。科目が難化した場合でも、他の科目で点数をカバーすることができなくなるため、合格済みでも自分の得意とする科目を得点源とするために、再受験することも考慮すべきだろう。

②科目合格の活用方法

　こういったデメリットがあったとしても、確保できる勉強時間や勉強開始時期

図表 2-4-3　多年度における勉強の進め方（イメージ）

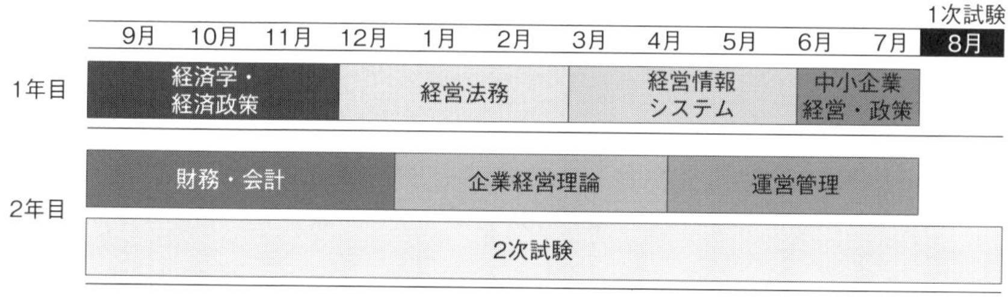

に制約がある場合には、科目合格は活用するに値する。なぜなら、1次試験の科目数は多く、出題範囲も非常に広いため、勉強時間の確保が必須だからである。また、1次試験に合格した後、2次試験までの期間は3ヵ月ほどしかない。1年目に科目合格を果たしていれば、2年目の受験科目数が少なくなり、1次試験と並行して2次試験の勉強を進めることもできる。前述した通り、受験科目数を減らしすぎるのはリスクが高まるため、受験する科目数には注意が必要だ。

　科目合格を活用する場合、私のおすすめは、初年度は2次試験との関連性が低い4科目（①経済学・経済政策、②経営法務、③経営情報システム、④中小企業経営・政策）を受験し、2年目に2次試験との関連性が高い3科目（①財務・会計、②企業経営理論、③運営管理）と並行して2次試験の勉強を進める方法である。科目合格のメリットとデメリットを把握し、自分の戦い方を見直してみよう。

（3）免除科目の使い方

　中小企業診断士試験では、特定の資格を保有する人は1次試験を受験する必要がなく、科目の免除を受けることができる。ただし、資格を保有している科目は自分の得点源となる可能性が高いため、免除を受けずに受験することも考えてみよう。

　私のまわりにも、「経営情報システム」に関する知識が豊富で、応用情報技術者等の資格を保有している受験生がいたが、得点源とするため、免除申請を行わ

なかった。結果、この科目が易化した令和2年度では、90点近い点数を獲得した。他の科目では60点を満たしていない科目もあったが、40点を超えていたため、余裕を持って全科目得点で6割を超えることができていた。

（4）2次試験に落ちた人必見、1次試験との向き合い方

①2次試験に落ちたら、まず考えること

　私は、合格までに2次試験を2度受験している。1年目に2次試験が不合格となったとき、2年目はどのように受験に臨むべきかを考えた。1次試験合格は2年まで持ち越しができるため、2年目は1次試験を経ずに2次試験を受験することができる。しかし、2年目の2次試験に合格できなかった場合、3年目は1次試験の7科目をすべて再受験しなければならない。

　そんなことを考えていたとき、診断士の先輩から、2年目に1次試験を受験しておく方法があることを教えてもらった。2年目で1次試験に合格していれば、2次試験が不合格となっても、3年目は1次試験を免除、もしくは少ない科目数の受験で、2次試験に臨むことができる。

　まわりの合格者や受験生がどのように対応するのか気になった私は、SNSで108名に対してアンケートを行った。その結果、2年目の1次試験対策は**図表2-4-4**の通りとなった。なお、アンケートは多年度の受験経験を持つ合格者と受験生を対象としている。

図表2-4-4　多年度受験生の1次試験対策

　2次試験一本派からは、「2次試験に専念できるのは、今年だけである」、「今年1次試験を受けて合格できるのであれば、来年受けても結果は同じではないか」といった意見があった。アンケート結果をみても、過半数を占めており、2次試験だけに注力する層が一番多い。

　一方、科目合格派からは、「とりあえず受けてみて損はない」、「2次試験の精神安定剤となる」、「2次試験は、いくら勉強しても確実に受かるとはいえない。3年目に1次試験のゼロスタートは厳しい」、「1次知識を応用した2次試験の解答ほど評価される傾向があると指導する予備校もある。どの科目も2次試験につながってくる」といった意見があった。

　さらに、全科目合格派の意見としては、「1次試験は運の要素も強いので、連続打席に立つことを優先すべきである」、「全科目受験することで、難化した科目とのバランスがとれる」といったものがあった。私の受験時代でも、2年目に1次試験を全科目合格し、2次試験に臨んだ人が多かった。本気で勉強してきた人ほど2次試験では緊張してしまうもので、いかにメンタルを保つかが合否に大きく影響する。翌年度も1次試験を受けずに2次試験を受験できる状況をつくっておくことは、緊張を和らげる安定剤になる。

②来年合格への戦略

　2年目の1次試験受験にあたり、私がおすすめするのは、2次試験と関連性の高い、①財務・会計、②企業経営理論、③運営管理の科目合格を狙うことである。これであれば、ゴールデンウィーク明け開始の勉強でも十分に間に合う。また、2次試験ではその年の1次試験の傾向をつかんでおく必要があるため、2次試験と関連性の高い科目を受験することで2次対策に活かすことができる。さらに、1次試験の緊張感の高い環境に身を置くことで、勉強の良い刺激になる。

　それぞれメリット・デメリットがあるが、何も考えずに1次試験を受験しないのと、戦略を立てたうえで2次試験だけに注力するのでは意味合いが異なる。2次試験が残念な結果に終わっても、あっという間に次の受験時期となる。合格に向けて、次の1次試験とどう向き合うか戦略を立てよう。

資格取得後の財産にもなる
コミュニティ型1次試験突破作戦

　もし、あなたが新しい知り合いをつくるのが面倒ではなく、どちらかというとおせっかいで、人から放っておかれると寂しくなり、他人から受けた恩を割と長く覚えているタイプの人だとしたら、おすすめの試験勉強の方法がある。「コミュニティ型1次試験突破作戦」とでもいうそのスタイルは、独学派の勉強法とは対極にあり、先に示したタイプの方には、将来にわたっても役に立つとおすすめする勉強スタイルである。資格取得だけでなく、仲間もできる。そして、その仲間は診断士活動を始めてからの財産にもなるからである。

（1）私が独学を選ばなかった理由

　私の妻も、中小企業診断士である。2019年に1次試験に夫婦同時に合格し、妻は2次試験に1回で合格。不合格だった私は登録養成課程に進んだので、診断士登録は妻の方が6ヵ月早い。

　私は診断士資格挑戦を決めた当初から受験予備校に入学し、合格を目指した。私が独学という方法を選ばなかった理由の1つ目は、妻の苦労をそばで見ていたからである。

①通信教育で苦労をしていた妻

　筆者夫婦は子供がいないので、家族は2人きりで、妻も仕事を持っている。妻の仕事は忙しい。深夜に帰宅し、食事をとり風呂に入って眠りにつくまでの1時間か2時間を勉強時間にあてていた。妻の試験挑戦1年目、筆者の私はまだ診断士資格に興味がなかったので、ベッドで通信講座の動画をスマホで見ている妻を尻目に、気持ちよく眠りに落ちる日々を過ごしていた。

　仕事が忙しく十分な勉強時間を確保できなかったこともあるが、周囲にアドバ

図表 2-5-1　独学とコミュニティ型勉強法の比較

比較項目	独学	コミュニティ型勉強法
意味	学ぶにあたって、先達者の指導を仰ぐことなく独力で目標をたてて習熟しようとする学習方法、能力開発の方法 ※Wikipedia より	診断士資格取得という共通の目的のもとに集まったグループ（コミュニティ）で、交流し情報を交換し、援助、助言をしながら学習を進め、診断士資格取得を達成する勉強法
メリット	・お金がかからない ・自分のペースで学べる ・自分の意思を貫き通せ楽しく学べる	・有益な情報やノウハウを仲間から手に入れることができる ・経験者や指導者のアドバイスを受け、自分に合った勉強方法や学習のペースを組み立てることができる。周囲から刺激を受けモチベーション維持ができる ・診断士活動時に役立つネットワークがつくれる
デメリット	・モチベーション維持が困難 ・自分のペースが良い結果を生まない場合がある ・方法が間違っていた、有益な情報を得られなかったという場合もある	・資格スクール費用や仲間づくりをするためのお金がかかる ・人間関係がわずらわしくなる場合もある ・他人から良くない刺激を受ける場合もある
必要条件	自身にある程度独学の成功経験があり、適切な目標を設定できることが必要になる	資格スクールに入るのがコミュニティづくりに適している。学習を進める中で診断士試験に挑戦している同志と交流し、仲が良くなることが必要になる

イスをくれる人がおらず、独学1年目の挑戦は科目合格1科目のみという妻にとって不本意な結果で終わってしまった。

　夫として妻の手助けをしたいと思った私が出した答えは、自分も診断士資格に挑戦するということだった。同じ資格試験に夫婦で同時に挑戦することは、妻への大いなる手助けになるだろうと考えたのだ。

②7科目もある1次試験を独学で突破する自信がなかった

　独学をしなかった2つ目の理由。それは単純に、独学では合格する自信がなかったからである。自身の学習を効率よく進め、2年目も独学を続ける妻のサ

ポートをするため、費用はかかるが受験予備校に入学し、無駄なく学習することにした。

(2) このようにしてコミュニティができた

①受験予備校に入り勉強仲間をつくる

私が選んだ受験予備校は、大阪・梅田にある規模が小さくインタラクティブな授業を特徴とするスクールだった。2017年秋、コロナ禍前なのですべての授業はリアルで開催され、週に2〜3回は講師の生授業を受ける。教室には1次試験受験2年目、3年目の人、それ以上の経験がある人、私のようにまったくの初心者もいるという状態である。

②勉強が進むにつれ、仲間が増える

受験予備校の生徒の中で自然発生していたSNSコミュニティアプリによるグループに、筆者も入れていただいた。現役大学生や既に定年退職されている方など、1次試験受験1年目から3年目の、まずは1次試験突破を目指す受験生ばかりの約20名のグループだ。

そのコミュニティでは、模擬テストの日程やおすすめの参考書など試験勉強に関することから飲み会のお誘いまで、活発なコミュニケーションが交わされる。初学者の私は発言することはまれだったが、対話を聞いているだけで1次試験の戦い方の基礎知識や受験予備校の活用の仕方など、先輩の知識ノウハウを得ることができた。

(3) コミュニティに所属する3つのメリット

コミュニティに所属していると、どんなメリットがあるのか。私なりに3つのポイントを挙げて説明する。まず、「コミュニティ」と「チーム」の違いを比較してみると、図表2-5-2のようになる。

①有益な情報が早く集まりやすい（図表2-5-2の①：提供の目線は内向き）

コミュニティでは、内部の人に対して情報が提供される。所属しているメン

図表2-5-2　チームとコミュニティの違い

チーム	コミュニティ	
・提供の目線は外向き（社会や顧客）	・提供の目線は内向き（中の人）	①
・事業と貢献が価値	・安心と安全が価値	②
・終わりと解散がある	・続くことが前提である	③
・スキルを重視したメンバー採用	・人間性を重視したメンバー採用	
・チームの段階を進めることが大事	・定期的なイベントの開催が大事	
・戦争や冒険に似ている	・国や街の統治に似ている	

出典：「これからの時代に求められる結果の質が高い『コミュニティ型組織』とは？」
　　　https://comemo.nikkei.com/n/na8eac8f23ee7 を参考に筆者作成

図表2-5-3　コミュニティ内で得たアドバイスや情報

受けたアドバイスや情報
●診断士登録養成課程の存在 　2018年まで大阪府には登録養成課程がなかった。その後、筆者は大阪府初の登録養成課程の2期生になった。
●有料自習室の活用 　不要だと考えていたが、集中力が違ってきますよとすすめられ契約した。正解だった。
●簿記検定の受験 　「財務・会計」に弱い方はまず簿記3級検定を受けるべしと教わり、仲間、妻と一緒に簿記3級試験を受けた。
●模擬試験情報 　評判の良い主催者の試験をすすめてもらい、受ける時期も含め、迷わず選ぶことができた。
●1次試験1年目に狙う科目 　1次試験突破を2年で計画するなら、1年目は2次試験への関与が薄い「中小企業経営・政策」、「経営情報システム」、「経済学・経済政策」の3科目に科目合格するようシフトすればとのアドバイスを受け、その通りにした。

バーが知っている有益な情報をコミュニティ内の仲間に提供したり、必要ならばより詳しいことを一緒に調べたりもした。インターネットで検索すると手に入る情報もたくさんあるが、そもそもの知識がなければ検索をしようとすら考えないので、雑談の中で手に入る自分が知らない情報が大いにありがたかった（**図表**

2-5-3）。

　②波長やフィーリングが合う人が集う（図表2-5-2の②：安心と安全が価値）

　コミュニティは気が合う人同士で形成されているので、気を遣ったり遠慮したり、嫌な思いをしたりすることがない。のびのびと情報交換ができるし、自然体で話を聞きアドバイスすることができる。リーダーや親分は必要ないし、自由に新しい仲間を加えることもできる。波長が合えば問題がない。

　③資格取得後、診断士活動に役立つ人脈が得られる（図表2-5-2の③：続く
　　ことが前提）

　このようなコミュニティは長く続くので、人脈が途切れない。この原稿を書いている期間中にも、少人数で集まる機会があった。大手製造業のハンズオン支援者、研修講師派遣企業の役員、国際会計士を目指すパラリーガルなど、日頃もZoomミーティングでヒアリングをさせてもらっている重要なネットワークである。

受験予備校OBとの飲み会

勉強仲間や妻との勉強会

（4）妻との家庭内コミュニティで1次試験突破を目指す

①受験予備校のコミュニティへ引き入れる

受験予備校のゴールデンウィーク合宿に夫婦2人で参加し、私の勉強仲間に妻を紹介した。妻はすぐに溶け込み、直接情報交換をし、飲み会にも参加するようになった。独学でやっていた頃の悲壮感はまったくなくなり、逆にハードな受験勉強を楽しめるようになったようだ。

②家の中全体が受験生モード

休日は家の掃除、日用品・食料品の買い物、仕事の残務以外は、ほぼ学習時間にあてる。夫婦とも受験生なので、家事の分担などでもめることがない。学習はダイニングテーブルで並んで過去問をえんえんとやるのだが、疑問があると手を止めて確認し合う。解決しなければ、私が予備校講師に質問することにした。たまにコミュニティのメンバーもやってきて、4～5人で勉強会をする。夜は鍋を囲みビールを飲むのも、ほどよい息抜きとなった。

夫婦同時に1次試験に挑むことのメリットとして、家中を受験生モードにできることがある。受験1ヵ月前を迎えるころ、食器棚の扉、階段の手すり、寝室の壁など、あらゆるところに重要な公式などを書いた大きめのメモを貼り、家の中を臨戦状態にした。

食器棚扉に貼った記憶用メモ

（5）診断士にはコミュニティが必要

①夫婦で診断士になる

2019年、おかげさまで筆者夫婦は同時に1次試験に合格することができた。妻は3年目、筆者は2年目であった。同年、妻は2次試験に1回目で合格し、現

在は企業内診断士である。筆者は1回目の2次試験に落ちた後、すぐに登録養成課程に入学し2021年4月診断士登録、6月に独立をした。2018年に診断士を志してから3年。何とか、計画通りに中小企業診断士になることができた。

②コミュニティ活動が活発な中小企業診断士という仕事

ある士業の方が「診断士はその他の士業と違い、診断士同士のチームで活動されているイメージがあります」と話されていた。まさしくその通り、診断士は診断士同士でチームを組んで中小企業への支援を行う機会が少なくない。自身がチームにアサインされるためには、コミュニティに所属しておくと有利である。日頃からの付き合いがない診断士に声がかかることは、ほぼないからである。協会に所属し、研究会や勉強会に積極的に参加することをおすすめする。

③家庭内のコミュニケーション、コミュニティを大切に

筆者夫婦は、家庭内に理解者、同志がいるという珍しい環境に恵まれ、試験を突破することができた。同じような状況になることはまれだと思うが、配偶者やご子息が心から応援してくれる存在だと、試験突破の大きな力になる。学習で気持ちに余裕がないときにこそ、身近な理解者、応援者と精一杯のコミュニケーションを取り、良好なコミュニティをつくり上げることが、難関試験突破のエネルギーになるのだと思う。

第3章

私はこうして
2次試験に合格した

3-1

「事例は診断実務」と
意識して取り組み独学合格

　私が中小企業診断士の資格取得を志した理由は、地域経済の成長・発展を支援したいというビジョンの実現と、人生100年時代となった今、長く現役で社会に貢献し続けたいという思いがあったからである。そうした思いを抱き、受験に向けた学習を独学で始めたが、1次試験までは合格できたものの、2次試験が高い壁となり突破できなかった。どうすればこの思いを成就できるのだろうかと考えながら、先を確信できない不安も大きくなっていた。

　そんな私が、3回目の2次試験の学習過程で、どのように課題を分析し、学習方法を変化させ、合格までたどり着けたかを述べていきたい。診断士の資格取得を目指して、2次試験の勉強をする方々に、少しでもお役に立てれば幸いである。

(1) テクニックを追いかけて失敗した1年目、2年目

　私は受験予備校には通わず、独学で勉強をしていた。理由は、年間数十万の出費で家計に負担をかけたくなかったからである。また、約25年にわたる会社員としての経験から、読み書き能力に多少の自信があったのも事実である。

　だが、令和元年度、令和2年度と、連続で2次試験に不合格という事実を突きつけられてしまった。独学者にありがちな勉強法の試行錯誤が続き、この2年間はなかなか実力が上げられなかったのである。

　振り返れば、この期間は、合格者のブログやYouTubeなど、ネット上の体験記や学習方法を取り入れることに注力していた。たとえば、①5色マーカーで設問文と与件文をマークし解答に活用する、②与件文を最終段落から遡って読み、出題者が訴えたいことを効率的に理解する、③解答の切り口を語呂合わせで暗記し、解答骨子に利用する、などである。

図表3-1-1　不合格だった年の2次試験の得点

	事例Ⅰ	事例Ⅱ	事例Ⅲ	事例Ⅳ
令和元年度	46	63	60	33
令和2年度	47	49	65	49

だが、成果は出せなかった。2回目の不合格決定後には、これらの技は、合格に必要な力を保証するのにふさわしいものなのか、自問自答していた。

（2）本番後の振り返りで気づいた診断士試験の本質

　2年連続で2次試験に敗退し、1次試験からのやり直しとなったものの、やはりあきらめきれずに、リベンジしたい意欲が湧き上がっていた。そのような状況の中、改めて敗因の振り返りをじっくり行ってみることにした。

　まずは、この試験で求められる力とは何なのだろうと、今さらながら試験要領を読み返してみた。中小企業診断協会（診断協会）の試験案内には、「第2次試験は、中小企業診断士となるのに必要な応用能力を有するかどうかを判定することを目的としている（一部省略）」とある。また、中小企業支援法の第11条には「経済産業大臣は、中小企業者がその経営資源に関し適切な経営の診断及び経営に関する助言を受ける機会を確保するため、中小企業の経営診断の業務に従事する者を登録する（一部省略）」とある。

　要するに、中小企業診断士とは、中小企業の経営資源を的確に把握し、中小企業に対して最適な経営診断と助言をすることが役目なのである。だとすれば、診断士試験の本質は、経営者にしっかり向き合い、経営診断や助言ができる資質があるかどうかを確認することにある。やはり、事例問題の技法をあれこれ探している場合ではないという考えに至った。

　令和3年度の試験に向けては、勉強方法を全面的にリセットした上で、再スタートすることを決めた。1次試験からやり直し、基礎力強化を徹底するとともに、それを的確に応用する力をつけ、合格後のコンサルティングの場でも活用できるレベルを目指そうと、決意を新たにした。

（3）2次試験の事例は診断実務と捉え、解法を全面見直し

　これまでの解答方法をすべて捨て、改めて組み上げた2次試験の解法フロー（図表3-1-2）を説明したい。スタンスは、顧客である診断先の社長を目の前にしてヒアリングする意識で、事例問題に向き合うことである。

　①企業概要の確認、②設問解釈、③与件文の読解の際は、社長が考える理想の経営状態を傾聴するつもりで、読み解くことが重要である。いわゆる「傾読」である。強み・弱み・機会・脅威などの経営環境や、社長のビジョンや課題を理解しながら読み進める。解法見直し後は、短時間で把握する精度を上げるため、2色ペンのみを使い、強みや機会は青色、弱みや脅威は赤色のボールペンでマークする程度に変えた。その結果、与件文の読解に集中できると実感できた。加えて、接続詞（「しかし」、「とはいえ」など）、社長の思い（「〜したい」、「〜したくない」など）をつかむことを重視した。

　次に、経営状況の整理として、④SWOT分析を行う。事例企業が培ってきた強みや社長の経営への思いを市場の機会にぶつけるという、戦略の基本的なフレームワークにあてはめる。また、弱みがあれば、それを改善する提言ができるかどうかも頭に入れておく。

　与件文とSWOT分析から導き出すのは、社長が目指したいゴールでもある⑤事例テーマの確認である。これが、解答の一貫性を保つために重要な工程となる。たとえば、事例Ⅰでは「組織改編や意欲向上などの人事施策を通じた、勘と

図表3-1-2　2次試験の解法フロー

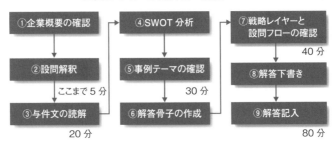

経験によらない事業改革」、事例Ⅱでは「外部連携による販売チャネル拡充と強みを活かした新製品開発」、事例Ⅲでは「生産計画の精度向上や生産能力の拡充による高付加価値な自社製品開発」などである。経営環境を分析する冷静さとともに、社長が考える理想を汲み取り、思いを実現につなげる姿勢も両立させて、事例企業の変革テーマを理解することが重要である。

　事例テーマを定めた後は、各設問の⑥解答骨子の作成を行う。その際はくれぐれも、⑦戦略レイヤーと設問フローの確認を外さないようにしたい。２次試験の設問は、「環境分析→全体戦略→機能別戦略」の流れで構成されていることが多い。設問で問われているレイヤーは全体戦略なのか、機能別戦略なのかの切り分けは、過去問を使って訓練しておいてほしい。全体戦略が題意になっているにもかかわらず、個別の施策を解答してしまい、目線が低くなると、得点は一気に下がってしまう。

　この後は、⑧解答下書きを行い、あるべき姿に近づくための戦略ストーリーを意識し、設問間の整合が取れているかを確認する。１次知識をきっちり活用するとともに、与件文からも要素を抽出しながら、解答の根拠を示すことも重要である。最終的な⑨解答記入は、社長への解決策の提言として、専門用語は避け、ワンセンテンス・ワンメッセージで、簡潔に、因果関係を意識して明確に書く。

（4）基礎力と理論を鍛える！　独学でもできる勉強法

　勉強方法は、大きく３つに分けた。①経営理論を徹底理解し、事例問題に応用可能なレベルに高める、②文章の読解力や表現力を鍛え直す、③過去問をじっくり分析する、である。独学の私は、理論の理解のため、出題委員の先生が執筆した経営戦略、マーケティング、生産管理、財務・会計などの理論書（**図表3-1-3**）を読み込み、内容をノートへ整理した。診断協会のホームページに出題委員の名前が掲載されているので、ぜひ代表的な書籍は読んでみてほしい。その過程を通じ、理論の柱をインプットでき、解答作成の指針を得られるなど、大きな効果があったと感じている。過去問を解く際に、このノートを参照しながら、経営理論

図表 3-1-3　学習時に活用した参考書籍

	書籍	著者	出版社
事例Ⅰ	新しい戦略マネジメント	山倉健嗣	同文舘出版
	新経営戦略論	岩倉尚人	学文社
事例Ⅱ	はじめてのマーケティング	澁谷覚	有斐閣
	スモールビジネス・マーケティング	岩崎邦彦	中央経済社
事例Ⅲ	生産現場構築のための生産管理と品質管理	木内正光	日本規格協会
事例Ⅳ	管理会計	齋藤正章	放送大学
	ファイナンス入門	齋藤正章	放送大学
	合格するための本試験問題集日商簿記2級		TAC 株式会社
読解力	現代文読解力の開発講座	霜 栄	駿台文庫
1次知識整理	中小企業診断士1次試験一発合格まとめシート	野網美帆子	エイチス

を事例に活用する訓練をひたすら続けた。ちなみに、このノートは今でも診断実務時に活用している。

　また、弱点であった「財務・会計」の基礎力を強化すべく、簿記の学習も決意した。2021年5月の簿記試験の受験を目指し、2月から診断士の勉強ペースを落とし、簿記2級の勉強を並行で行った。その結果、無事90点で合格できた。診断士1次試験の「財務・会計」、2次試験の事例Ⅳを解く際の不安も払拭され、1次試験では、「財務・会計」の簿記パートも難なく解答でき、80点を獲得できた。

　あわせて、文章読解力も強化した。出題者が作った与件文には、伝えたいメッセージが必ず含まれているはずである。何を考えてどう書いてあるのか、文章の構造を把握しつつ、出題者の主張の転換や対立を示す表現から、根拠を追いかける力をつけようと取り組んだ。誤った先入観で与件文を読み違えることが減り、与件文読解の安定力が増したと考えている。

　また、過去問を解いた後の復習にも、徹底的にこだわった。解く量を重視せず、一つひとつ丁寧な振り返りをした。その際に使ったのが、KPT法である。「Keep、Problem、Try」の3つからなるフレームワークだが、K：keep＝良かった点（続ける）、P：problem＝問題点（やめる）、T：try＝次の課題（改善

する）を、設問ごとに細かく書き出した。たとえば、Ｋは「与件文での逆説表現に気づき、出題者の意図を読み取れた」、Ｐは「題意の『留意点』の書き方を明確化できていない」、Ｔは「『留意点』と聞かれたら、『施策＋効果』の文章構成で解答する」というように、改善課題を明確にし、解法フローを80分で確実に実行できるよう、ステップアップを図っていったのである。

（5）紙上診断を実践し、事例Ⅰ、Ⅱ、Ⅲは70点超えで合格

　こうした勉強を1年間積み重ね、いよいよ試験当日を迎えた。問題用紙をめくる際には、心の中で「社長、今日はよろしくお願いします。ありたい姿への思いをお聞きし、経営課題を理解し、解決への提言をいたします」と唱えながら、80分で社長の思いに忠実に寄り添った診断を行うつもりで臨んだ。

　与件文を丁寧に読み込む、事例テーマを見定める、最適な提言を題意に沿って丁寧にわかりやすく解答するなどのスキルを、ある程度は発揮できた。しかし、当日は、初見の問題で焦りや緊張もある中、訓練してきたフロー通りにすべては進まなかった。だが、時間配分に注意し、わからない設問は後回しとし、時間が足りなければ下書きをスキップしながら、何とか事例企業に食らいつき、解答という形の提言書を置いてくることができた。基礎力から強化し、過去問で応用に取り組み、社長との疑似コンサルティングのPDCAをじっくり行ってきた自信が支えになっていたのかもしれない。また、苦手の事例Ⅳは、第1問の経営分析がほぼ完ぺきだったこともあり、何とか得点を確保できた。

　その結果、事例Ⅰ、Ⅱ、Ⅲについては、いずれも70点以上のＡ評価、事例ⅣはＢ評価で合格できた（図表3-1-4）。合格発表日の2022年1月14日の朝、診断協会のホームページで、受験番号を見つけたときの喜びは、一生忘れがたいも

図表3-1-4　合格した年の2次試験の得点

	事例Ⅰ	事例Ⅱ	事例Ⅲ	事例Ⅳ
令和3年度	74	71	70	54

のになった。

　2度の敗北からの振り返りで、診断士試験の本質に気づき、対策ができたことで、まずは試験合格という目的を達成できた。今後はこの資格を活かし、地域経済への支援などを通じ、長く現役で社会に貢献し続けていきたいと考えている。

3-2
得点を安定させる！
アウトプットの標準化

　私は、20歳の頃に中小企業診断士を目指し始めた。漠然と"コンサルタント"という響きに憧れて始めた受験には長くかかり、1次試験は5回受験した。2次試験も2回受験し、何とか合格できた。決して優秀ではない私の体験から、これから2次試験に挑戦する皆さんに向けて、安定した点数を獲得するテクニックや勉強方法をお伝えする。

（1）勉強しても伸びているかわからない

　まず、2次試験については「2次試験には答えがない」、「独学での合格は難しい」といった話を聞くことがある。しかし、試験が終わった現在の私は、2次試験には答えがあり、適切な答案を作成することで、安定した点数と高い合格率を得られる試験だと考えている。

　今はこう考えている私も、1回目の2次試験の勉強では、自分の答案を、「何となく合っている（のじゃないか）」、「問題集の解答に近い文章を記述しているから大丈夫（だろう）」といったあいまいな基準で採点していた。

　今思えば、この解答や採点では、合格は非常に難しいと思う。結果として1回目の試験は不合格に終わり、試験後もまったく合格できるイメージが湧かず、試験合格をあきらめて養成課程に進もうと決意した。しかし、養成課程の試験にも不合格になるという散々な結果だった。

　このような1回目の2次試験を終えて、2回目で合格できなければ1次試験を受け直さなければならないプレッシャーを強く感じていた。そして、2回目の2次試験に向けて、いろいろなテキストやブログを調べ、受験校の体験入学に行った。

なかなか自分の力が伸びていると感じられず試行錯誤する中で、私が最終的に良いと感じた書籍は、同友館の『ふぞろいな再現答案』（以下、「ふぞろい」）である。この書籍が私の点数を伸ばしてくれたと確信している。

私の経験と「ふぞろい」をベースにした点数の伸ばし方や安定した得点をとる方法をこれからお伝えする。

『ふぞろいな再現答案6』

（2）得点ワードの重要性

「ふぞろい」を簡単に説明すると、実際に合格された先輩方の本試験解答に対して、どのワードが得点につながっており、合計何点だったのかを分析した書籍である。たとえば、配点20点の問題の解答に対して、「差別化する」2点、「一貫生産体制」3点など、得点につながっているワードを点数の積み上げ式で採点している。

ふぞろいを制作されている診断士の先生の採点結果と、本試験の採点結果は、概ね近い点数になっている。私は、このワードの分析がとても画期的に感じた。なぜなら、ここに「答え」が載っているからである。つかみにくいといわれる2次試験だが、国家試験であるため、解答が用意され、基準を持って採点されていることを強く意識させられた書籍だった。

ここで、2次試験がどのようにつくられて、どのように採点されるかについてお伝えしたいと思う。

試験問題を作成する出題委員は毎年、公表されており、大学教授がほとんどである。このため、出題は大学教授の先生が行い、先生が想定している解答を記述できたら高得点となる。

　さらに、試験が採点される段階について考察する。採点者は公表されていないが、大学教授と研究室の数人で行うといわれている。細かな採点者の人数はわからないが、過去の2次試験の受験者数が5,000～9,000人ほどということを考えると、1人の採点者が短い期間で多くの答案を採点していることは間違いない。私は、採点者は1問を数秒で採点していると考えている。

　私たち受験者は、このような多忙な採点者に確実に得点をつけてもらう必要がある。そう考えて、「ふぞろい」の採点方法をみたときに、「得点ワード」の重要性を再認識した。

　当たり前だが、試験は解答用紙へ記述された答案のみで判断される。得点ワードを適切に文章内に記述することで、得点できる答案が生まれる。では、得点ワードはどのように勉強したらよいのだろうか。私が行ったことは、「ふぞろい」で得点をつけられているワードを自分のノートに書き写して、何度も書くだけであった。小学生の漢字ノートのようなものだ。

　私は学習ノートに、事例ごとに「在庫管理」、「愛顧」、「提案力」、「顧客満足度」、「自主的」、「経営資源」、「差別化」、「士気向上」、「組織活性化」など、とにかく得点されたワードを書き写し、何度も書いて、頭からすぐに出てくる言葉にした。恥ずかしながら漢字も苦手だったので、不安なく漢字を書ける状態にできたことも大きな価値があった。解答文字数が決まっているため、漢字が書けず類似単語で文字数を増加させてしまうのは、とてももったいない。

（3）筆写で正しい答えを体に覚えさせる

　得点ワードを覚えてすぐに頭に浮かぶ状態にしたら、次は文章として整える必要がある。予備校やテキストでは解答文の書き方について、「○○が○○のため○○である」といった文章の型を教えているところがある。これは、とても重要な考えだと思う。しかし、型を覚えるだけでは、本番で型に当てはまりにくい問題にあたると焦ってしまう。本番で焦らず解答文をつくる方法として、私の場合は「筆写」を多く行ったことがとても有効だった。

やり方は単純、合格者の解答をただ方眼紙に写すだけである。こう聞くと、一読した文章を改めて手書きすることが無駄のように感じる方もいるかもしれない。しかし、筆写は最強の得点源である。

なぜなら、合格者の答案は、「正しい答え」だからである。本試験では、「正しい答え」、「合格者の解答」を書くことが求められる。筆写こそが、本番で安定して正しい答えを書く技術を体に覚えさせるために、最適な方法だと考える。

2次試験はよく、自分なりの考えを書くと不合格になりやすいと教えられる。これは本当である。たしかに、与件文を読むと、いろいろと感じることがある。しかし、試験である以上、自分なりの答えではなく、「正しい答え」、「合格者の解答」を書く必要がある。

筆写の良さをもう少しお伝えすると、私たちは模範解答を読むと正しかった解答を理解できるが、実際に答案を記述するときには、どのような流れや言葉で書こうかと迷ってしまうものである。そして、その迷いは、解答を大きくブレさせる原因となる。とにかく得点を安定させたいなら、文章の記述は、「合格者の解答」が勝手に浮かぶまでに体に覚えさせて、本番のブレを極力なくす必要がある。

合格答案を何度も筆写し続けると、体が勝手に修飾語、接続語などが整ったきれいな答案を記述できるようになる。体が覚えてしまえば、文章構成に頭のリソースが割かれず、与件文と設問の読解に集中できるので、答案の質も上がるのである。

（4）答案へのアウトプットを標準化

2次試験対策を考える上での重要点をまとめると、①国家資格のため明確な基準で採点されること、②採点者は大量の採点を行うため、得点ワードの記入が安定得点につながること、③合格答案の筆写が本番のブレをなくし、文章構成を省力化できること、となる。

しかし、筆写を行い、得点ワードが書けるようになっているだけで合格できる試験ではない。初見の問題に対して、いつも合格答案をアウトプットできる状態

になっていて、初めて合格するのである。

　私は、「合格者の答案と酷似しているか」という目線で自己採点を行っていた。この採点の目線は重要である。2次試験では、とにかく自分の考えを排除して、「正しい答え」がアウトプットできることを最も重視する必要がある。経営理論の理解度や文章的な適切さなども重要だが、合格者の答案と酷似する答案をつくる訓練により、これらもカバーできる。

　皆さんも安定して合格点を獲得するために、アウトプットの標準化に取り組んでほしい。テクニック中心の話だったが、皆さんの合格の一助になれたらうれしいと思う。

(5) 事例Ⅰ～Ⅳそれぞれのポイントと得点ワード

　最後に、事例ごとのポイントと得点ワードの一部をお伝えして皆さんを応援したい。

【事例Ⅰ】

　組織・人事を中心に出題される事例Ⅰは、事例企業が比較的大きな場合が多い。事例企業には組織・人事的な問題・課題があり、それらを解決する解答が求められる。解答の方向性が、企業の課題解決に向けたものであることを意識したい。事例Ⅰの得点ワードの例は、次のようなものである。

組織文化	能力開発	円滑な事業承継	意識改革
コミュニケーション	OJT	参画意識	マネジメント層
活性化	動機づけ	シナジー効果	採用
コンフリクト	適正な配置	非正規雇用	成果主義
人材育成	明確な評価基準	命令系統	マニュアルの作成

【事例Ⅱ】

　小売店や商店街など、身近な企業を題材に、マーケティングや地域活性化について問われる事例である。イメージのしやすさで自分なりの答えを書いてしまう事故を防ぎたい。事例Ⅱの得点ワードの例は、次のようなものである。

顧客ニーズ	双方向コミュニケーション	イベント	客単価向上
ターゲット層	口コミ	チラシ	新規顧客
選択と集中	メルマガ	体験	既存顧客
ニッチ戦略	有能な人材活用	地域企業との連携	高付加価値化
差別化	こだわりの	SNS	愛顧

【事例Ⅲ】

　製造業がメインの事例Ⅲでは、生産方式やワードについて適切に理解し、それを事例企業に当てはめて解答する必要がある。正しく設問を読み解き、教科書通りに解答するよう意識したい。事例Ⅲの得点ワードの例は、次のようなものである。

一元管理	生産計画	コスト削減	標準化
共有化	多能工	高付加価値化	マニュアル化
在庫	セル生産方式	バラツキ	教育
設備投資	DB 活用	良品率	統制
納品	生産体制	リードタイム	データ収集

【事例Ⅳ】

　近年、難しくなっている事例Ⅳは、計算方法すら思いつかない問題がある。1点でも多く得点するために、ミスをしないことが最重要である。必ず検算を行うことを念頭に、解ける問題からは取りこぼしなく得点したい。また、設問文が難解なこともあり、設問趣旨の読み間違いも起こりやすい。すべて答えられない問題は、ここまでわかっているということを答案に記述して、部分点を狙いたい。白紙答案は、必ず0点である。ハングリーに1点でも多く取りにいきたい。

　比較的取り組みやすい内容をご紹介したが、いかがだっただろうか。私は中小企業診断士になってまだ数ヵ月だが、既に多くの方と知り合い、新しい世界が広がっている。続けていてよかったと心から感じる、とても素敵な資格である。いつか皆さんと一緒に企業支援ができることを楽しみにしている。

3-3
3ヵ月で2次試験一発合格
～失敗と選択と合格後の気づき～

（1）知り合い・OB・情報ゼロで臨んだ2次試験の大失敗

　関西への転勤をきっかけに将来を考え始め、独立を視野に入れて中小企業診断士の資格取得を目指した。土日出勤、早・遅番シフトの小売業勤務のため、予備校への通学は無理だと考え、Web通信スクール「クレアール」を選んだ。1次試験合格までの3年間に、受験を伝えたのは家族と親友数名のみ。診断士の知人も、ネットで受験生同士がつながれることを知らず、孤独に勉強を続けた。そんな中で、今では笑い話のネタに使う2次試験受験の大失敗がある。

①大失敗その1：「えっ、電卓使えるの？」

　実は、2次試験で電卓の使用が可能だと知らなかった。あわてていたのでテキストの記載を見落とし、1次試験同様使えないと決めつけ、事例Ⅳの計算問題は小数点第2位まで手計算で解いて勉強していた。試験日当日、周囲の机上に置いてある電卓に気づき、休憩時間にコンビニへダッシュ。店頭にあった最後の1台を奇跡的に手に入れて臨んだ受験となった。

②大失敗その2：「えっ、口述試験まであと5日？」

　事例Ⅳは時間切れのため2問白紙で提出し、事前の模擬試験の採点はどの科目も平均30点前後だったこともあり、終わった直後に不合格を確信した。予備校の模範解答や解説動画を見る気持ちにもならず、来年以降も無理だと考え、受験以外の手段を探し始めた。そして、大学院の養成講座に通うことを決意。年末年始は大学院の説明会を聞き、入試の願書を郵送した。

　ちょうどその頃、診断協会から不在通知が届く。不合格通知をあわてて受け取らなくてもと思い、数日間放置。ホームページも見ておらず、実際にハガキを受け取り合格に気づいたのは、口述試験の5日前だった。

「まさか、合格？」——喜びよりも、口述試験日が5日後と知り放心状態。もし、不在通知の受け取りがあと1週間遅れていたらと思うとぞっとする。

これが、私の受験に関する大失敗。ぜひ、反面教師にしてほしい。

（2）試験勉強に立ちはだかった大きな壁

2次試験の勉強を始めてすぐ気がついた。合格までに3年間を費やした1次試験と、たった3ヵ月間の準備期間しかない2次試験は、**図表3-3-1**の通り、勉強の時間ややり方等に多くの違いがある。何より、圧倒的に時間がないことで焦りが募り、精神面にも影響するため、気持ちの切り替えが必要だった。

（3）短期合格のためにやめた3つのこと

目前に迫る試験日。最短の勉強時間で最大の成果を出すには思い切った取捨選択をするしかないと考え、まずやめることを決めた。

①過去問を解くことをやめた（事例IVの計算問題を除く）

1次試験の勉強は、過去問の解答を中心にアウトプットを重視した方法だったが、今回は過去問全部を解く時間はない。そして、解いてもそれが正解なのかはっきりわからない。最初から過去問はなかったことにして、部屋のクローゼットへしまった。唯一、過去問を利用したのは事例IVの計算問題のみ。目につかなくしたことで、分厚い過去問を見て、このままでは絶対に終わらないだろうと焦

図表3-3-1　1次試験と2次試験　勉強の違い

	1次試験	2次試験
勉強時間	・15分間など隙間時間の活用が可能	・与件文が長いので問題を分割しにくい
勉強のやり方	・アウトプット重視。過去問を徹底的にやり、間違った箇所を参考書で確認し暗記	・過去問題はやらず、最初から模擬試験を解答 ・採点結果を確認し、模範解答文を丸写し
科目の優先順位	・低い正解率や覚えにくい不得意科目を重点に取り組む	・どの科目も同じように正解率が低く、得意科目が不明
モチベーション	・勉強するうちに正解が増え、実力の伸長がわかるのでモチベーションが向上	・勉強しても正解率が上がらず、実力が低いままなので、モチベーションが上がらない

る気持ちもなくなった。

②自分の解答を分析することをやめた

試験勉強を始めてすぐ陥った罠がある。自分の解答を模範解答と見比べ、「自分の解答ではダメなのか。この書き方だと、何点減点されるのか」と自問自答していたことである。一問一問悩み出すとキリがなく、かなりの時間が取られ、悶々とする日々だった。

そこで、手法を変えた。問題を解いたら模範解答を見て、与件文の中で自分が見落としていた箇所やキーワードを赤字でチェックし、終了。その先の分析はしない。しょせん、2次試験は公式解答が非公開なので、本当の正解はわからない。ならば、細かく分析しても仕方がない。そう思ってきっぱりやめたら、無駄に悩む時間が減り、効率が上がった。

③実力のなさに落ち込むことをやめた

過去、東京マラソンに出たときのことである。最初は1kmすら走れなかったが、練習するうちに5km、10kmと走行距離が伸び、結果、完走できた。1次試験も同じ。最初は苦手だった科目が、勉強を続けるうちに正解数が増え、合格ラインに届くという達成感を味わった。

しかし、2次試験はまったく違う。模擬試験の採点は、何度出しても平均30点前後だった。合格ラインからかけ離れていたため、途中から落ち込むことをやめ、記念受験の気持ちになった。実はこの開き直りのおかげで、焦ることなく受験できたように思う。

合格を確信しにくい2次試験において、メンタルが受験当日に及ぼす影響は大きい。プレッシャーや焦りをいかに封印し、試験に平常心で臨めるか、気持ちの切り替えが重要である。

(4) 短期合格のために行った3つのこと

「やめること」を決めた後、今度は短期決戦で「やること」を考えた。

①第三者の添削サービス付き模擬試験を受けた

　私が受講していた Web 通信スクールには、8回分の添削サービス付き模擬試験があった。自己流と違い、他人の採点なら納得できる。点が取れない理由やアドバイスもある。戻ってきた答案には、赤字で「設問に忠実に」、「解答の枠組みを用意しておく」など、自分が誤りがちなポイントや解答を組み立てるための具体的なアドバイスがあり、非常に参考になった。

　模擬試験には、最初から制限時間内で解答した。図表 3-3-2 は、実際に解答したプロセスと時間配分、書き方の例である。解答時間はいつもギリギリだったが、早めに試験の時間感覚をつかめたことで、自分なりの解答方法やルーティンを身につけることができた。

②計算問題 1 日 1 問（事例Ⅳ）を習慣にした

　1次試験の「財務・会計」が不得意だった私が、2次試験で苦手な科目は、やはり事例Ⅳ（財務事例）であった。ただ、解答が不明確な2次試験において、計算問題だけは答えが明確である。

図表 3-3-2　2次試験の解答プロセスと時間配分

	解答のプロセス	所要時間 （80分間）
1	与件文をざっと読み、おおまかなイメージをつかむ	5分
2	問題文を読み、設問の項目（「理由」／「強み」／「提言」等）と、文字数を囲む	5分
3	再度与件文を読み、4色ペンで「SWOT分析」や「重要キーワード」の下線を引く	10分
4	設問1から、解答となりそうなキーワードや文章を箇条書きする	30分
5	箇条書きの文章をまとめた時に制限文字数に収まるか、確認	10分
6	解答欄に清書	20分
7	文章の誤字・脱字校正、全解答に統一感があるかをチェックする	時間が 余ったら

第1問(配点20点)
革製バッグ業界における C 社の(a)強みと(b)弱みを、それぞれ(40)字以内で述べよ。

**質問の項目に□、制限文字数は○で囲み、
意識しながら解答を考える。**

　ここでは、数稽古作戦をとった。量をこなして質を高めようと、事例Ⅳの計算問題だけは、過去問から毎日1問解くことを習慣化した。前述した失敗談にもあるが、この頃はまだ手計算だったこともあり、模擬試験では毎回制限時間内にすべての問題を解くことはできなかった。そのため、最初から順番に解くのではなく、全問題をざっと見て解けそうな設問から手をつける方法にした。

　計算問題は毎日続けると、少しずつ解答の型がわかってくる。正解率も徐々に上がり成長も感じられ、実は一番やる気が出た科目になった。

③模範解答の丸写しを行った

　模範解答を自分の解答と比較・分析することはやめたが、ノートに丸写しした。内容を理解するためというよりも、制限文字数内にうまく収めるコツや、書き出し・箇条書きの方法を真似るためである。英数字の半角・全角、略語の書き方などの基礎的なルールも、テキストを読むだけでは忘れてしまう。書き写す時間はかかるが、「習うより慣れよ」である。手で書いた感覚は記憶が残りやすい。

　パソコンやスマホの漢字変換に頼ってばかりで漢字も思い出せなかったので、その点でも手書きは大事だったと思う。勉強疲れを癒すべく百均で見つけた可愛い方眼ノートを愛用し、試験までに5冊を使い切った。

イラストに癒された方眼ノートと丸写しの中身

（5）合格後のアドバイザー体験で気づいた、大事な視点

　私が受講していた Web 通信スクールでは、2次試験対策として合格ゼミナールが開催されている。例題の答えを持ち寄り、当日、模範解答に照らして自己採点を行う。その後、4〜6名のグループに分かれ、難しかった設問やどこを解答できれば合格点（60点）が取れるか等を皆で話し合う。各グループには、アドバイザーとして講師やスクール OB が参加し、解答の着眼点を養う勉強会である。

　この合格ゼミナールに OB として参加し、アドバイスを伝える側になって初めて、気づいたことがある。受験生の多くが陥りがちな過ちと、意外と気づかない重要な視点である。

①受験生の多くが陥る「自分ものさし」の過ち

　たとえば、与件文に「社長は、3年後に○○事業の売上を増やしたいと考えている」とある場合、各受験生が想像する「増やす」の規模感は、2倍、10倍とさまざまである。読み手によって受け取る規模感が違えば、当然、解答も異なる。それは、すなわち正解ではない。他人から指摘され初めて、その規模感を「自分ものさし」で想像していたことに気づく。受験生の大半が同じ規模感を想像できる「全員ものさし」でなければ正解ではないことに気づくことが大事である。

②最も大切な作問者の視点

　作問者が何を考えてこの問題を作成したのかを意識して問題を読む。業界に偏らず、万人が平等に答えられる内容であり、なおかつ、合否判定のためには、迷いそうなキーワードや文章を与件文に盛り込まなければいけない。それに気づけば、業界を知らなくても皆が解答できる内容を、制約文字数の中で優先順位をつけて書くという、ごくごく素直でシンプルな方法が最適解だと理解できる。

　私は初めての2次試験で大失敗を経験し、得点は 242 点と合格点ギリギリだった。でも、心が折れそうなときもずっと応援してくれた家族や友人に励まされ、気持ちを前向きに保ち、最後は奇跡的な幸運にも恵まれ合格できた。

　この勉強法は王道の方法とは異なるし、参考にならないかもしれない。ただ私は、3ヵ月間あきらめず、焦りやプレッシャーの気持ちを平常心へ切り替え、自

分の取捨選択した勉強法を信じ、集中して取り組んだことが合格につながったと思っている。

　これから受験する方も、「今、やるべきこと」を決めたら最後まで自分を信じて集中し、周囲に感謝しながら、最後は運を味方に合格を勝ち取ってほしい。この本が、少しでも試験勉強のヒントになれば幸いである。

3-4
事例Ⅳはチェックポイントの忠実実践で**90点超え**

　事例Ⅳは、2次試験の中で最も点差のつく科目である。しかし、出題の傾向は概ね決まっている。各受験予備校の模範解答もほぼ同じであることからわかるように、正解はほぼ明確である。チェックポイント（間違えやすい箇所）を着実に押さえていけば、高得点を取れるようになると思う。

　私は、2019年度（令和元年度）、2020年度（令和2年度）、2021年度（令和3年度）と3回、2次試験を受験した。2019年度の事例Ⅳは64点、2020年度は44点、2021年度は91点であった。2020年度の点数が悪かったのは、前年度、それほど勉強しなくても合格点を取れたため、甘い気持ちで取り組んだからだと思った。そこで、2021年度は事例Ⅳを体系的に勉強し直した。その結果、高得点が取れたと思う。ここでは、その勉強方法を紹介したい。

（1）道具の準備
　事例Ⅳの対策を進める上で、①電卓、②プリンター、③シャープペン、④定規などの道具は重要である。

　電卓は、試験当日に備え、2台あると安心である。これまで試験で電池切れになったことは1回もないが、万が一に備える。また、購入するなら、過去の計算過程をさかのぼって確認できる電卓がいい。私の電卓は約100件の計算過程が見られるので、入力ミスの有無を確認できる。

　プリンターは、小冊子印刷が可能でA3やB4も印刷できるものがいい。本番同様の体裁で問題と解答用紙を作成できる。それを使って解答すると臨場感が出るし、計算用の白紙の使い方の練習にもなる。

　シャープペンは、お尻に大型消しゴムがついているものを選び、試験ではでき

るだけその消しゴムを使い、持ち替えによる時間ロスをなくす。

　定規は、計算過程の解答欄に表を作成する際に使う。定規を利用して表をつくり解答すると、見栄えが良く採点者の印象も良くなると思う。計算過程の最後の解答のところに、定規で丁寧に下線を入れるのもいいだろう。

（2）私の勉強法

　事例Ⅳで頻出の出題分野は、経営比率分析、CVP分析、キャッシュフロー（以下、CF）、NPV、メリット・デメリット（以下、メリデメ）問題である。この他、先物市場、企業価値、部門損益などがある。これらの出題分野では、設問の形式がだいたい決まっているので、それらに対する解答方法をまず完全に習得する。多くの場合、試験に出題される設問はその変形か複雑化したものなので、落ち着いて取り組めば、ほとんどの問題には解答できると思う。

　私の2021年度の勉強方法は、まず4〜5月の間に、各出題分野の問題を一通り解き、解答方法を習得した。6月は2度目の1次試験受験勉強のためお休みし、1次試験受験後に、過去問、受験予備校の模擬試験、答練、財務の問題集などの問題を繰り返し解答した。1日1問は解いた。

　重要なのは、間違った場合に、解答するプロセスのどこで間違えたかを確認し、チェックポイント化することである。適用する解法の間違いか、条件や手順の見落としか、単なる電卓への入力ミスかなど、どこで間違えたかを確認し、それをチェックポイントとしてまとめ、再発防止に努める。

（3）私のチェックポイント

　私のチェックポイントをいくつか紹介する。これから受験される方は、学習する中で、ご自身のチェックポイントを作成することをおすすめする。

①全般

・時間配分に気をつける。時間配分ミスで空欄をつくらないようにする。何かを書けば、部分点をもらえる可能性がある。

- 近年、問題が複雑化していることもあり、後で検算する時間はない。1回の計算を丁寧に行い、ポカミスをしないようにする。電卓に数字を入力したとき、入力した数字が正しいか必ずチェックする。
- 問題が難しい場合には、他の受験生にも難しいはずだと考え、あわてず、最後の解答までたどりつかなくても、可能な限り解答し、部分点獲得を目指す。正解率が低い場合、採点基準を甘くするといわれているので、あきらめないようにする。
- 与件文や設問文は一字一句見逃さず、どのような解答を求めているか確認する。特に、数表の（注）や小さな文字で書かれている部分に重要な条件が記述されていることがある。また、大小関係の記述がある場合には、「超」、「以上」、「未満」、「以下」のどれか確認する。
- 単位が「百万円」、「万円」等、入り混じっている場合は、単位を揃えて、地道に計算する。求められている解答が小数点第何位までなのか、四捨五入か切り捨てかも確認する。
- 計算過程を書く際、実際の計算は計算用紙で行い、重要な式のみを書く。数値の関係や構造がわかっているように記述し、計算結果が間違っていても部分点が得られるようにする。
- これまでの設問類型になく、解答方法がわからない場合、求める値をＸと置いて条件式を作成し、代入法等で解いていけば、大概の問題は解答できる。
- Ｘの範囲で条件が変わる場合、Ｘの範囲ごとに計算し解を求める。その解がＸの範囲内に収まれば正解である。近年、頻出しているパターンである。
- 簡単な計算も暗算ではなく、面倒でも電卓を使うのがよい。

②経営比率分析

- 設問が解答として「問題点」を求めているか、「課題」を求めているか、確認する。問題点の場合は、問題となっていること（たとえば、「内部留保が少ないのが問題である」など）、課題の場合、解決すべきこと（たとえば、「内部留保の充実が課題である」など）を記述する。ちなみに、2022年度は問題点、

2021 年度は課題が求められていた。

・経営分析指標は、与件文の言葉を拾って根拠が書ける経営指標を選ぶ。闇雲に経営分析指標を計算するのではなく、与件文にその要因となる説明があるものを選ぶと無駄な計算をしなくてすむ。

・与件文に根拠が見つからない場合は、要因分解して解答する。2022 年度は、生産性に関する指標を選び、それが劣っている要因を記述するという問題であったが、与件文には生産性に関する要因の直接的な記述がなかった。この場合、要因分解して解答する。たとえば、付加価値労働生産性は、「労働装備率×設備投資効率」と要因分解できるので、他社と比較し、労働装備率に問題があるのか、設備投資効率に問題があるのかを記述する。

③CVP 分析

・まず、CVP 分析のベースが、経常利益か営業利益かを確認する。次に、求めるものが、損益分岐点比率か安全余裕率かも確認する。

・損益分岐点比率は収益の安全性、営業レバレッジ（＝限界利益÷営業利益）は収益の変動リスクを示す。経営状況の記述では、損益分岐点比率が高い場合は、「売上高が低いため、収益力の余裕がない」、営業レバレッジが高い場合は、「売上の変化が営業利益の変化に与える影響が大きい」となる。なお、営業レバレッジは、安全余裕率の逆数なので、計算したときは必ず合っているかチェックする。

④CF

・CF の計算は、前期から今期の B/S 勘定科目の増減がベースとなるので、注意深く計算し、合計チェックするなどして、間違えないようにする。また、CF に影響しない非資金損益項目である貸倒損失繰入、貸倒損失、棚卸資産の評価損、廃棄損、除却損などの項目にも注意して計算する。

・CF は、営業 CF、投資 CF、財務 CF がそれぞれ＋と−になりうるので、論理的には 8 パターンある。営業 CF が＋の場合が出題されることはほとんどないので、営業 CF が−である 4 パターンに注目する。それぞれに対応した CF 分

図表 3-4-1　CF に関し出題されやすいパターン

営業 CF	投資 CF	財務 CF	出題可能性
−	＋	＋	中
		−	中
	−	＋	高
		−	低

析の記述パターンを用意しておく。たとえば、最も出題される可能性が高い、営業 CF（−）、投資 CF（−）、財務 CF（＋）の場合、「投資面で、投資効果の少ない投資を行い売上に結びついておらず、営業面で、売上不足で資金獲得能力が低下し、財務面で、不足資金を調達する不健全な CF 経営である」という分析になる。それぞれのパターンに対応する解答例をつくっておき、与件文の内容に応じて、加工して解答する。

⑤NPV

・NPV を計算する場合、面倒ではあるが、P/L と CF を合体した表をつくると誤りが少なくなる。

・原材料購入など運転資本の増減は、対象期間を通算すると合計が 0 となるはずなので、確認する。資産の除却は、簿価の特別損失となるが、CF に影響しない。一方、資産の売却は CF が＋となることに留意する。

・フリーキャッシュフロー（以下、FCF）は、「営業利益×（1−税率）−運転資本＋減価償却−更新投資」で計算されるが、更新投資を忘れがちなので注意する。

・代替案を比較する場合、「○○であり、A 案の投資経済性が高い」と診断士らしい言葉で締めくくると、印象が良くなる。

⑥企業価値

・FCF が一定の率で成長する場合、事業価値は、今期 FCF×（1＋成長率）÷（WACC−成長率）で計算する。この式の計算で使う FCF は来期の FCF では

図表 3-4-2　「プールで航海」でオプション取引を覚える

プール＝プ売る＝プット・オプションは売る権利
航海＝コ買い＝コール・オプションは買う権利

なく、今期の FCF である。間違えやすいので注意する。

⑦部門損益

・部門損益でよくある問題は、不採算部門から撤退した方がいいかどうかという問題である。多くの場合、不採算部門が負担していた固定費があり、撤退しない方がいいという結論になるので、解答例を用意しておく。たとえば、「○○部門は貢献利益が○百万円で、共通固定費の一部を賄っており、廃止すると営業利益が減少するため、廃止しないのが望ましい」といった感じである。

⑧先物市場

・為替予約、通貨先物、オプション取引の違いは基本なので、定義や特徴を理解しておく。オプション取引には、プット・オプションとコール・オプションがある。前者は、一定の期間内に一定の数量をあらかじめ決められた価格で「売る権利」、後者は「買う権利」である。これを、「プールで航海」と覚える（**図表3-4-2**）。つまり、「プ（ット）売るで、コ（ール）買い」である。

⑨メリデメ問題

・メリデメ問題は、事例に即した解答よりも、一般的な解答を求めていることが多く、事前に準備しておける。重要ワード（EDI・業務委託・社債・株式・子

会社化・事業承継など）や近年話題のワード（負ののれん・クラウドファンディングなど）の意味やメリデメを整理しておく。

　事例Ⅳは苦手という人が多いが、他の事例と違い、ほぼ正解があり、解答方法のパターンも、ある程度決まっている。解答方法に沿って、チェックポイントを意識しつつ、解答していけば、90点超えも夢ではないと思う。私の事例Ⅳの勉強法が受験生の皆さんの参考になれば幸いである。

第４章

私は養成課程を選んだ

4-1
現在につながる養成課程の経験とネットワーク

（1）私が入学した養成課程

①養成課程に入学するまで

　私は、出版社に21年間勤務し、秘書・営業・管理部門の業務に従事した。管理部門への異動を機に始めた診断士資格の受験勉強だったが、学んでいるうちに、中小企業診断士の仕事自体に魅力を感じるようになった。次第に、「今までは、自分や会社のために仕事をしてきたが、これからは少しでも社会に貢献できる仕事がしたい」という気持ちが強くなった。

　最終的には、2年間考えた末、会社を早期退職することを決意し、2022年4月に法政大学大学院の養成課程に入学した。

②同じ志を持つ35名の同期

　診断士の資格取得者には、実にさまざまな業種や職種の人がいる。これは、他の士業との大きな違いだと思う。中小企業診断士には独占業務がないため、自分の得意分野の仕事以外は、互いに協力したり紹介したりするなど融通できるメリットがある。大学院にも、さまざまなバックグラウンドを持つ人たちが集まった。

　私の同期は、25歳から65歳までの35名だが、薬剤師、弁理士、税理士がいた。300名以上になる先輩や後輩には、弁護士、社会保険労務士など、いろいろな有資格者がいる。なかには、自分で会社を経営する人もいる。

　養成課程では、月曜日から土曜日の日中に必修授業があるため、ほぼすべての学生が仕事を休職もしくは退職して入学しており、本気度が高い。まさに、大学院での1年間に将来がかかっていた。「中小企業診断士になる」という同じ志を持つ同期と切磋琢磨した1年だった。

図表 4-1-1　大学院の年間スケジュール

月	行事	診断実習	プロジェクト	講義
4月	入学式		プレゼンテーション	春学期前半
5月		1社目	オープンドア/主査決定/ゼミ	春学期前半
6月		2社目	第1回中間発表/ゼミ	春学期後半
7月			ゼミ	春学期後半
8月			フィールドワーク/ゼミ	夏期集中講義
9月		3社目	フィールドワーク/ゼミ	夏期集中講義/秋学期前半
10月		4社目	ゼミ	秋学期前半
11月			第2回中間発表/ポスターセッション/ゼミ	秋学期前半/秋学期後半
12月		5社目	ゼミ	秋学期後半
1月		診断実習面接(口頭諮問)	ゼミ/プロジェクト報告書提出	秋学期後半
2月			プロジェクト最終審査会/優秀プロジェクト発表	
3月	学位授与式			

出典：筆者作成

③戦略的に選択される養成課程

　養成課程というと、2次試験に落ちた人が行くところと考える人がいると思う。実は、私も入学前は同じように考えていた。しかし、入学してから、同期の半分以上が2次試験を一度も受験していないと知り驚いた。皆、1年間で、集中して中小企業診断士のスキルを取得したいと考え、戦略的に養成課程を選択していた。

④体力的にハードなスケジュール

　大学院での年間スケジュールは、図表 4-1-1 の通りである。私は、コロナ禍でのリモート講義や日曜日しか休みがないなど環境の変化に戸惑い、気づかないうちにストレスを抱えていた春学期がきつかった。

　私は、体力には自信があったが、春学期、1社目の診断実習後に原因不明の微熱が続くなど体調を崩した。入学時の面接でも、「スケジュールがハードだが、体力的に大丈夫か？」と確認をされる。2次試験を受験しなくてすむなどと甘い考えで入学すると後悔する。私の期は、全員揃って修了を迎えられたが、途中で退学するケースもあるという。本気でないと、とても続かない。その分、修了したときの達成感は、計り知れないものがあった。

（2）1社4週間×5回の診断実習

　養成課程のカリキュラムには、診断実習がある。1年間で、1社あたり約4週間の診断実習を5回実施する。班の人数は7名で、そのうち、班長と副班長が各1名である。診断実習では、全員一度は班長か副班長をやらなければならない。

①診断実習の班長に立候補

　私は、3社目で班長に立候補した。それは、将来、独立診断士として働く上で、いい経験となると考えたからだ。

　班長に立候補をしたものの、私は人前に立ってリーダーシップをとるのが苦手だった。また、管理職経験もないため、どのように班をマネジメントすればいいかわからなかった。秘書のときには、いかに経営者に気持ちよく仕事をしてもらうかを考え行動していたため、人をサポートするのは得意だった。しかし、自らリーダーシップをとり、チームを引っ張る経験はなかった。

②私が考えたリーダーシップのあり方

　私が班長として考えたリーダーシップのあり方は、(1)私は、皆をぐいぐい引っ張っていくような、カリスマ的なリーダーシップはとれないし、とらない、(2)何でも自分でやろうとしない、(3)できる人に役割を任せる、ということだった。そして私は、今回の診断実習を皆と一緒に考えながら進めていきたいという方針を班員に伝え、同意を得た。

　診断実習中は、議論が白熱し、収拾がつかないこともあった。そのようなときは、決定した内容が実習先の企業のためになるかどうかという視点で判断した。最終的には班員に支えられ、何とか班長の役目を全うすることができた。診断実習や実務補習で、自分に班長が務まるのかと迷う人もいると思うが、やれば自信につながる。ぜひ、班長に立候補することをおすすめする。

③企業から評価される診断実習

　3社目の診断実習の報告会では、具体的な提案が経営者の方から評価され「ぜひ、継続して支援してほしい」というお言葉をいただいた。これは、診断士として独立する上で、大きな自信となった。また、同期の中には、診断実習での提案

が実習先から評価され、「うちの会社に来ないか」と声がかかった者もいた。実習とはいえ、本気で取り組む診断は企業から評価されるのだと感じた。

④診断実習経験に基づく修了後のキャリア

私が診断実習を行った5社は、いずれも人材面の課題（事業承継・人材育成・採用など）を抱えていた。この経験は、修了後の進路に大きな影響を与えた。人材面からも中小企業をサポートできる診断士になりたいと思うようになり、キャリアコンサルタント資格取得を目指すことへとつながった。

(3) 修了後につながるプロジェクトと選択科目

私の修了した大学院では、診断実習と並行し、プロジェクト（修士論文）に取り組むことで、診断士とMBAのダブルライセンスの取得が可能であった。

①プロジェクトで設定されるテーマ

プロジェクトのテーマは、新規ビジネス立ち上げのビジネスプランやビジネスを進展させる戦略・戦術の研究、各種手法の開発など、さまざまである。自分自身で興味・関心のあるテーマを選択できるため、楽しい一方、難しくもある。

プロジェクトは、主査（指導教授）の下で研究・執筆を行うものであり、私は前職の経験を活かし、「街の書店の活性化」をテーマに選んだ。ゼミの同期は、「農産品のプロモーション」、「花と緑の効用測定」、「昆虫食（代替蛋白源）」について取り上げるなど、内容は多岐にわたっていた。

また、私の所属ゼミでは、主査が自主的にアフターゼミを開催し、修了後も実際のビジネスとして、プロジェクトの実現化を相談できる機会があった。

②欲張って74単位を取得

大学院の必修単位は58単位だが、私は選択科目で「企業倫理」、「コーチング」、「ITCケース研修」、「夏期集中講座」などを受講し、74単位を取得した。選択科目を受講したメリットは、企業倫理の講義がきっかけで、修了後に講師から大学院で講演する機会を得られたこと、コーチングの講義を通じて、カウンセリングの仕事に興味を持ったこと、ITCケース研修の講義がきっかけで、取得

した IT コーディネータの資格が修了後の仕事につながったことである。

また、選択科目を受講したことで、働きながら MBA を目指す2年制の学生とも講義を通じて交流の機会を持つことができた。

（4）修了後の進路

①独立診断士と企業内診断士

気になる修了後の進路に関しては、大体7～8割くらいが独立診断士として働き、それ以外は復職や企業へ就職をしている。就職に関していうと、特に20～30代はコンサルティング会社などへの就職が多い印象である。

同期には、夏期休暇中に就職活動し、早い時期に内定を得た者もいた。独立診断士に関しては、公的機関の公募は年明けに始まる。プロジェクトの執筆時期と重なるが、並行して就職活動をしていた者は、修了後の進路が決まっていた。公的機関で働きたければ、出遅れないよう早めの準備が重要である。

②大学院とのつながり

修了後も、大学院とはつながりを持つことができる。実際に、講義や診断実習をサポートする特任講師として大学院に関与している同期もいる。また、プロジェクト修了後も継続して行い、学会で論文発表をしたり、書籍を出版したりした先輩もいる。修了後も研究活動や講義を通じて大学院と関わりを持てるのが、大学院の養成課程のメリットだと思う。

③修了後につながる大学院のネットワーク

私の診断士1年目の仕事は、図表4-1-2の通りである。大学院の教授や先輩からの紹介が、仕事につながっている。そして、診断士1年目の部会や研究会などの活動は、図表4-1-3の通りである。こちらも、大学院の教授や先輩からの紹介が主となっている。

私は現在、中小企業のデジタル化を促進する公的機関で専門家として働いているが、これは所属支部の診断士から紹介された仕事である。大学院の講義がきっかけで取得した IT コーディネータの資格と、大学院の先輩の会社での IT 導入

図表 4-1-2　診断士 1 年目の仕事

	業務内容	紹介者・依頼者
1	講演（キャリアマネジメントセミナー@大学院）	大学院の講師
2	IT導入補助金申請支援	大学院の先輩の会社
3	事業再構築補助金申請支援	大学院の先輩
4	外部向け講演会資料作成	大学院を退官した教授
5	公的機関における専門家業務	所属支部の診断士

図表 4-1-3　診断士 1 年目の活動

	活動（部会・研究会・勉強会等）	主催・紹介者
1	東京都中小企業診断士協会・国際部	大学院の先輩
2	フレッシュ診断士研究会（フレ研）	大学院の先輩
3	キャリアコンサルタント養成講座	大学院の講師
4	アフターゼミ	大学院を退官した教授
5	勉強会(Harvard Business Review 輪読)	大学院の教授
6	オリジナルコンテンツ・ラボ	新人診断士向けセミナーの講師

補助金申請支援の実績が評価され、紹介へとつながった。

　研究会や先輩の会社、公的機関にも大学院の同期がいるので、非常に心強い。診断士はネットワークが重要であるが、大学院の養成課程には、同期や先輩、後輩の強固なネットワークが存在し、大きなアドバンテージがある。

　大学院に入学しなければ得られなかった出会いや経験が、現在につながっている。そして、自分の経験や興味・関心があることが将来の仕事につながっていく。それが、中小企業診断士の仕事であり、醍醐味であると感じている。

趣味のワインが支えた
養成課程の合格と卒業

（1）4年間の受験生活に終止符

　郵便配達員からの封筒を開けた私は、面接試験の感触から予想はしていたものの、「合格」の2文字がこれほどの喜びと安堵感を与えてくれるものかと、しみじみとしばらく余韻に浸っていた。千葉商科大学大学院の合格通知である。これが、4年余りの診断士試験の勉強生活に終止符が打たれた瞬間であった。

　中小企業診断士を目指そうと決意したのは、既に4年前のことである。出向先のグループ会社で一緒であった、7歳年上の先輩の退職時の挨拶メール文に、今後は診断士の資格を活かしていきたい旨が書かれていたことがはじまりであった。

（2）趣味のワインを武器に養成課程を受験

　1次試験をギリギリの421点でクリアしたものの、2次試験は合格点にはほど遠く不合格。養成課程出身の会社の先輩のすすめから、当初から考えていた養成課程の受験準備を開始した。図表4-2-1が、実際に受験した養成課程4校の受験の順番と詳細である。

　受験校を決める上で考慮したことは、まずはできるだけ短い期間（1年間）で修了し、日曜日はプライベートで使いたいため、日曜日には授業がない学校を優先した。次には、卒業する上での授業の難易度を考慮した。しばらくは企業内診断士を継続するつもりであったため、会社の仕事を重視し、授業の負荷が少ないと思われる学校を考えたとき、MBA取得が同時に可能となる学校は除外した。その結果、千葉商科大学は最後の受験校となった。

　ただ、結果として2年間の授業は大変よかったと思う。2年間のために授業数はそれなりに多くなるが、知り合う先生の数も他校より多くなる。そして、この

図表 4-2-1　受験した養成課程の順番と詳細

順番	養成課程	期間	授業の曜日	受験した内容
1	日本工業大学 専門職大学院	1年間	平日夜間と 土曜日	専門分野のプレゼンと質疑応答
2	(株)日本マンパワー	1年間	平日夜間と 土曜日	筆記の1次試験
3	城西国際大学大学院	2年間	平日夜間と 土曜日	グループ討論と個人面談
4	千葉商科大学大学院	2年間	土曜日と 日曜日	グループ討論と個人面談

長い2年間を通して、診断士としての将来の活動を考える時間を十分持てることとなる。

　それにも増してよかったのは、2年間同じ学校に通った同級生との関係がとても親密になったことである。同級生とは、これから一生のつきあいが続くものと思う。この点は、半年や1年で卒業できる他校とは違う大きなメリットであったと、卒業してから改めて思うところである。

（3）ワインを専門性にして試験対策

　受験日程を確定した後は、入学試験対策である。通常であれば、今の仕事の専門分野についてアピールするのであるが、得意であるはずの海外分野の業務からはしばらく離れており、今の業務から専門性をアピールすることは難しかった。そこで、仕事から離れ、趣味でアピールすることとした。

　30歳後半に、会社の駐在員としてフランスに4年半滞在する機会を得、そこで毎日ワインに親しんでいるうちにワインが趣味となり、ついには知識面ではソムリエと同等であるワインエキスパートの資格を取得するまでとなった。このワインと診断士を結びつけ、それを専門性としてプレゼンしていくことを方針として受験対策をはじめた。

　さらに、個人面接の対策としては、理想的な診断士像を面接でアピールするた

めに、診断士関連の雑誌やブログをいろいろと探り、自分なりの診断士像を語れるようにした。グループ討論は特に対策を行わなかったが、2次試験の事例Ⅰ、Ⅱの勉強は、討論の役に立ったのではと思う。

日本工業大学専門職大学院では、自分の専門性のプレゼンテーションが試験内容であった。ワインは有望な6次産業であり、中小企業が中心である各地のワイナリーの活性化によって地方再生が可能になるという筋書きで本番に臨んだが、不合格であった。

次の日本マンパワーは、面接などの2次試験の前に、筆記の1次試験を通過する必要があったが、その1次試験で敗退。診断事例をテーマにしたグループ討論と個人面接があった城西国際大学大学院は、特に個人面接でいい感触を受けたが、惜しくも補欠で結果は不合格。

最後に残った千葉商科大学大学院の試験内容は、診断事例に基づいたグループ討論と個人面接であった。また、ここでは修士課程の学位も2年間で取得できるために、修士論文のテーマも事前に提出する必要があった。そのテーマについては、既にプレゼン資料でまとめていた「6次産業としてのワイン」の内容を文章でまとめ、個人面接においてもこのテーマの内容を前面に打ち出した結果、その後に修士論文の担当となる教授の共感を得て、どうにか合格にたどりつくことができた。

（4）2年間の充実した土日の授業

授業科目は、図表4-2-2の通りである。ただ、経営診断Ⅰ（経営戦略）だけをとっても、先生は1人だけではなく、2～3人の先生が担当され、当然、講義の内容も異なってくる。2年間にわたり多くの先生からさまざまな分野の授業を受けることで、知識面のみならず、多くの診断士、士業の先生方との人脈ができたことも、この養成課程の大きな魅力である。また、授業の内容以外でも、ある先生が雑談の中で述べた「中小企業診断士は企業の健康を守る医師である」というお言葉は、診断士の道を歩む上での心の支えとなっている。

図表 4-2-2　中小企業診断士養成プログラム配当科目一覧

学科目	授業科目
経営診断Ⅰ 1年次配当	経営診断Ⅰ（経営戦略） 経営診断Ⅰ（経営管理） 経営診断Ⅰ（財務・情報戦略） 経営診断Ⅰ（コンサルティング・コミュニケーション） 経営診断Ⅰ（製造業実習） 経営診断Ⅰ（流通業実習）
経営診断Ⅱ 2年次配当	経営診断Ⅱ（総合経営） 経営診断Ⅱ（総合コンサルティング） 経営診断Ⅱ（経営戦略策定実習Ⅰ） 経営診断Ⅱ（経営戦略策定実習Ⅱ） 経営診断Ⅱ（経営総合ソリューション実習）
関連科目 1・2年次配当	複合プログラム　ブラッシュアップタイム 中間インターンシップ

出典：中小企業診断士養成プログラム大学院学生便覧より筆者作成

　初日の授業は、著名なベテラン診断士の先生による経営戦略論であった。その先生は話の時代感から、定年を迎える私よりもはるかに年配であると予想できながら、あまりにパワフルで熱意あふれる授業であったことに感動し、終了後、失礼ながら年齢をお聞きした。すると、そのことを2年間授業でお会いするたびにとりあげていただき、かわいがってもらった。診断士は年齢に関係なく活躍できることを実感し、日々充実した学校生活を送ることができた。

（5）お酒の実習企業

　実習は1年次に2回、2年次に3回行われるが、1回の実習は2ヵ月以上にわたり、その期間は受講生が3チームに分かれ、それぞれ診断書の担当分野を受け持つこととなる。報告会の日程が決まっているため、実習の期間は普段とは真剣さの度合いが異なり、皆、必死になる。

　特に思い出深いのは、初回の居酒屋が対象企業であった実習である。初回から、いきなり班長に任命された。もちろん、実習の経験はなく、どのように班を

まとめていくか、試行錯誤で取り組んだ実習であった。まさに、年齢を忘れ、報告書の作成は朝方まで及んだ。

ただ、毎回、実習の最後には診断先企業の社長から感謝のお言葉をいただき、そのお言葉ですべての苦労を忘れることができた。そして、そのような感動の瞬間を得られることが、診断士という仕事のまさに醍醐味であると実感できた貴重な体験であった。

担当教授に対して、修士論文はワインをテーマに書くと宣言していたこともあり、私の実習企業は5社のうち3社が、居酒屋、酒屋、酒蔵と、お酒に関係が深い企業であった。

(6) 日本ワインを応援する修士論文で卒業

千葉商科大学大学院では、診断士プログラムと並行して、修士課程を修了できるカリキュラムとなっている。入学試験において、商学と経済学のどちらかを選択し、研究テーマの担当教授の指導のもと、2年をかけて修士論文を書き上げることが修了要件となっている。

私は前述のように、当初はワインと6次産業化がテーマであったが、徐々に日本のワインがテーマの中心となり、結局、修士論文のタイトルは「日本のワイン産業における競争優位の獲得」となった。

(7) ワイナリー支援を夢見て

日本のワインは、日本料理の評価の高まりとともに、世界的な評価が高まっている。一方、企業数としては圧倒的に中小企業が多い。ワイン1本の評価次第で世界的な評価が定まるので、今後、診断士としても、機会があればワイナリーの支援には関わっていきたい。

コロナ禍の只中であったが、研究を口実に、ここ近年増加している都市型ワイナリーに出かけ、テイスティングをしていた日々が懐かしく思い出される。さらに、コロナ禍であったために、入学当初から同級生同士のリアルの飲み会は公式

修士論文の作成のためたびたび通った大学の図書館
（千葉商科大学大学院・社会人教育センター提供）

には開催しにくい期間がしばらく続いた。

　授業の合間や昼食時には、同級生と屈託ない話をして盛り上がっていたが、大学時代のように飲み会で多くの仲間と話をしたい思いにかられた。そこで、実習が終わるたびに、「実習お疲れさま会」と称して、オンライン飲み会を積極的に開催して交友を深めた。同級生の間では、学業の成績ではなく、飲み会幹事としての名声を広めた。

　千葉商科大学大学院を他の養成課程と比較した場合の大きな違いは、土日を約2年間、授業のために捧げなければならないことである。会社員であれば、平日夜間の残業を気にせずに土日で授業に通えるため、ほとんどの同級生は会社勤めと並行して学校に通っていた。土日がつぶれるため、各自それなりにプライベートの時間を犠牲にしていたことと思う。

　そういう私も、家族には少なからず迷惑をかけた。この場をお借りして、妻への感謝の意を表したい。

　このように、家族の理解と協力は必要であったが、2年間という長い期間を同じ仲間と過ごした時間は、人生で2度目の青春を味わった思いであり、一生の貴重な体験となった。

第5章

私はこのように
診断士資格を活かしている

5-1

診断士の分析手法で事業性評価を行い 取引先を開拓した

　私は金融機関（銀行・証券）において、取引先の与信審査に 30 年以上携わっている。診断士試験の勉強と資格取得後において得た知識・経験を、業務において取引先開拓に活かしている。ここでは、そのプロセスを紹介したい。

（1）コロナ禍で大きく変わった経済環境と取引先の信用状況

　2020 年、新型コロナウイルスの発生で、企業をめぐる経済・経営環境が大きく変化した。こうした環境の変化により、企業経営も次のように変化したと感じている。

・大きな影響を受ける業種が鮮明となった。

・同じ業種の中でも、個々の企業の対応により業績に大きな差が生じた。

・業績の変化は、短期的かつ急速に生じた。

・状況を打破するため、個々の企業において、業態の変化が生じている。

　コロナ禍以前にも、業績が不振な中、多額の債務や不良在庫等の問題を抱えている会社も少なくなかったが、課題に対して対応する必要が高まった。

（2）金融機関の見方も金融検査マニュアルから事業性評価へ

　金融業界で、事業性評価が求められている。かつては、不良債権対応のため、各金融機関には統一された基準（金融検査マニュアル）に従い取引先の企業を評価することが求められていた。現在は、各金融機関が取引先の企業ごとに状況を見極めて、独自の対応（事業性評価）をすることが求められている。

　事業性評価とは、「金融機関が現時点での財務データや保証・担保にとらわれず、企業訪問や経営相談等を通じて情報を収集し、事業の内容や成長性などを適

図表 5-1-1　金融検査マニュアルと事業性評価の違い

	従来	現在
金融庁の指針	金融検査マニュアル	事業性評価
重視する点	財務データ 保証・担保	事業の内容 成長可能性
審査の視点	過去から現在	将来
独自性・柔軟性	低い	高い

切に評価すること」（金融庁「円滑な資金供給の促進に向けて」（平成 27 年 7 月））
である。つまり、財務データや保証・担保という「過去・現在」よりも、事業の
内容や成長可能性という「将来」を見極め、それに基づく対応が求められてい
る。

（3）診断士の分析手法と事業性評価は最強の組み合わせである

①中小企業診断士への期待

　企業の経営者や財務・経理担当者にとって、一番身近な存在は、地方金融機関
（地方銀行や信用金庫）や税理士であろう。ただ、金融機関の担当者は忙しい。
担当者は 1 人あたり、少ない場合で 50 社、多い場合は 100〜200 社を担当すると
いわれている。事業性評価を行うのに必要な情報収集や分析を行うには、時間が
限られている場合も多い。また、税理士は決算や税務対応のプロであるが、経営
計画策定やその実行に関しては必ずしも得意分野ではない。

　そこで求められるのが、中小企業診断士（以下、診断士）である。経営のプロ
として理論と実践経験を備えており、企業の現在の状況から経営計画を踏まえ、
1 社に対して時間をかけて相談に乗り、事業の内容や成長可能性を見極めていく
のに、最も適した存在だと考えている。現在でも行われているが、信用保証協会
や地方金融機関との連携により、企業の成長や再生への支援がさらに拡大すると
考えている。

図表 5-1-2　顧客への支援内容

金融機関担当者	中小企業診断士	税理士
金融サービスの提供 融資・預金・為替 （現在への対応）	経営全般の支援 経営計画の策定、実行支援 （将来への対応）	決算書・税務対応 正確な決算書、税金支払 （過去への対応）

②フレームワーク×調査手法で分析を深める

　このような内容を見極める際に大いに役立つのが、診断士試験を通して学び、実践している分析手法、フレームワークや調査方法である（図表 5-1-3）。フレームワークを組み合わせることで分析が深くなるとともに、自社の分析から戦略策定に役立つことを感じている。診断士の手法が役立つと思うのは、以下の点である。

・常に一定以上の質が確保できること
・抜けや漏れを防げること
・過去の案件の学びを次に活かすことができること

図表 5-1-3　フレームワークとその活用

PEST　政治・経済・社会・技術の視点で外部環境を分析し、自社への影響を分析する

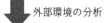
外部環境の分析

SWOT　自社の内部環境（強み・弱み）と、外部環境（機会・脅威）を分析する

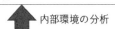
内部環境の分析

VRIO　自社の経営資源の経済的価値・希少性・模倣困難性・組織を分析する

戦略策定

5F　新規参入や代替商品、売り手や買い手との力関係、競合との競争力を分析し、自社の戦略に活用する

3C　顧客・自社・競合の視点から分析し、戦略立案や差別化に活用する

（4）診断手法を活用して取引先を開拓した

　新規の取引開始、取引拡大の際に、相手に財務面で問題がある場合は少なくない。よく出合う例と、見極めるべき状況を、**図表5-1-4** にまとめた。

　新規取引を開始する際に、取引候補先の分析を行ったアパレル業界の一例を紹介したい。アパレル業界全体の動向が厳しい中で、新規の取引候補先は堅調な業績を示していた。調査・分析を進めると、**図表5-1-5** のような状況が判明した。

　コロナ禍でアパレル業界が大きな打撃を受ける中、同社は消費者の求める価格

図表5-1-4　財務的な問題点と見極めるべき点

取引先の状況（問題）	見極めるべき状況
・大きな損失が発生している	・いわゆるリストラ損失で前向きな内容か、損失は継続しないか
・営業利益が低水準（赤字）である	・採算は営業外収益等で確保されているか、不良債権等の発生で赤字にならないか
・（コロナ禍において）業種として大きく影響を受けている	・自社は差別化・集中化で収益を確保しているか
・大きく売上が低下している	・売上の回復策は講じられているか、販管費等の削減で損益分岐点は下げられているか
・新しい施策や多角化により事業を大きく変革しようとしている	・自社の強みや経験を活かしたものか、成功の確率は高いか

図表5-1-5　あるアパレル企業の成功要因

ターゲット
・ターゲットは、中高生・大学生から20代の女性
・価格帯は、1,000〜3,000円台のお手頃価格
・日常に着るファストファッションが中心

差別化要因
・同世代の消費動向は、一点豪華主義である
・たとえば、バッグはブランド物を使用する一方で、日常の洋服にはあまり費用をかけない
・ただ、その中でも、他人と同じものは嫌
・大手アパレルで購入した場合、他人と重複する可能性があるが、中小の企業が扱うものであればその可能性は低い
・SNSを活用して顧客を開拓

図表 5-1-6　市場細分化基準による分析

変数	分析
地理的変数	（該当なし）
人口統計学的変数	10〜20 代の女性
心理的変数	（該当なし）
社会的変数	（該当なし）
行動的変数	（該当なし）
ベネフィット変数	一点豪華主義、日常の服装にはあまりお金をかけない

帯に対応し、大手アパレルとは違うものを提供することを強みとし、差別化して
いた。

　取引先の事業性評価が叫ばれているが、この内容は事業性評価の一例ではない
かと思う。また、ターゲット層に対して市場細分化基準による調査・分析を行っ
たことにより、強みや機会の分析に活かすことができた（図表 5-1-6）。

（5）今後の展望〜経営計画の策定と実行、金融機関の支援との結びつき〜
①企業内の各部門の連携
　診断士資格を取得してから強く感じるのは、企業における各部門の連携・連動
の重要性である。2 次試験の 4 事例（組織・人事、マーケティング・流通、生
産・技術、財務・会計）は連携・連動している。経営計画の策定と実行におい
て、たとえば、組織や人事の革新を最終的に経営の数字につなげるような仕事を
目指していきたい。

②数字での効果
　現在、小林勇治の MMM メソッドで学んでいるが、私が感じるこのメソッド
の特徴の 1 つに、経済的効果を示すことがある。経営者も会社も、利益の増加を
示すことにより、経営革新に本気になり、実行につながる。数字での効果を計画
時点に示すとともに、実施時にも達成するという点にこだわっていきたいと思っ
ている。

【参考】MMM メソッドとその特徴

小林勇治が 38 年以上にわたり培ってきた IT・経営革新・企業再生へのメソッドを通じた経営革新手法をケーススタディ等を用いて実践的に学ぶ講座で、レベル 1〜5 に分かれている。

●特徴 1

経営革新を行うに際して、企業の「あり方（マインドウェア）」を重視し、経営革新の「やり方」との双方を重視する（小林勇治は、長年、人を大切にする経営学会の「日本で一番大切にしたい会社大賞」の審査員を務めた）。

●特徴 2

経営者に対して、経営改革がもたらす期待効果（収益の改善）を示す。

・1 次期待効果：コンサル着手時に、要素整備調査により経営改革による 3 年間の（売上が変わらない場合での）営業利益の改善を示す。

・2 次期待効果：コンサル着手後 3 ヵ月から 6 ヵ月後に行い、IT 投資による効果を示す。経営者が IT 投資をする際の重要な要素となり、ベンダーへの要求内容が一貫する。

③金融機関の支援との結びつき

本業でも診断士業務でも、金融分野において新しいさまざまな経験をしている。それらを、実践で活用可能な形で整理していきたいと考えている。現在、考えているのは、以下のようなことである。

・事業性評価

・経営者保証のない形での融資

・コロナ融資（いわゆる「ゼロゼロ融資」）への対応

金融機関と企業の双方を理解し、双方の立場から対応・助言できるようにしていきたい。

診断士活動を始めて、世界が大きく広がった。これまでは、企業を財務という視点のみからとらえていた。そこに、組織・人事、マーケティング・流通、生産・技術という視点が加わった上に、それらが連動しているという意識が高まった。また、組織の中においても、経営視点からみるという意識も高まったと感じている。学んだ内容を、今後の診断士業務で活かすべく活動していきたいと思っている。

人生100年時代を生きるための
リスキリングを目指して

　私は、26年間、大手通信会社の研究所に勤務し、メタバース、映像配信、データサイエンスに関する研究などに従事した後、大学教授としてAI・データサイエンス科目の講義を担当するとともに、メタバースを活用したオンライン授業の産学共同研究をしている。また、日本初のメタバースを活用した中小企業診断士サロンを開設し、定期的な会合を実施している。

　近年、経営課題をAI、データサイエンス、メタバースなどの関連技術を活用して解決するケースが増えてきており、今まさに、リスキリングが求められる時代になってきている。私自身も中小企業診断士として、これまでに獲得した技術をアップデートしながら、中小企業の経営課題の解決に向けた貢献ができるコンサルティングを目指している。

（1）リスキリングのトレンド

　新型コロナ感染症の拡大により、デジタル技術の急速な発展がグローバルな規

メタバースを活用したオンライン授業の産学共同研究風景

模で経済・社会構造に大きな影響を及ぼすようになってきている。「IMD 世界デジタル競争力ランキング 2021」によると、日本は、人材/デジタル・技術スキルが 64 ヵ国中 62 位と低迷しており、リスキリングなしに日本の未来はないといっても過言ではないところまできている。

　「リスキリング」と類似の言葉に、「リカレント教育」がある。リカレント教育は、学校教育から卒業し社会に出た後も、それぞれ人生に必要なタイミングで再び教育を受ける場に戻り、仕事中心の時期と学習中心の時期を繰り返すことで、新しいことを学ぶために職業を離れることが前提となっている。

　一方、リスキリングは、働くために必要なスキルの大幅な変化に適応するために、新たにスキルを獲得することを意味する。特に、職業の中で継続的に価値創造をしていくために、必要なスキルを学ぶということに重点が置かれている。価値創造とは、0 から 1 をつくり上げることで、大きな変化を望まない日本人には厳しい時代に突入しているともいえる。

　このような時流の中で私が教鞭をとる大学では、約 5,000 名の社会人学生に対し、リスキリングに活用できる講義を提供している。ここ最近では急速に若返りが進展し、今では 20 代が一番多い層となっている（図表 5-2-1）。

図表 5-2-1　学生総数 5,035 名の年齢構成

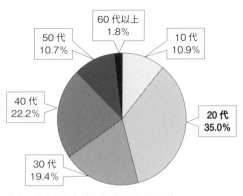

出典：東京通信大学調査（2022 年 4 月）

ベネッセの「社会人の学びに関する意識調査2022」によると、国内社会人の41.3%が、「これまで」も「これから」も学ぶつもりがないと回答しており、社会人になったら学ばない日本人像が浮き彫りになっている。一方、「学んでいます」と回答した人は33.6%となっており、調査結果を丁寧に読み解くと、時代の大きな変化の中で、二極化、格差、分断が水面下で起こっていると推測できる。

　5年後10年後には、今とはまったく異なる風景が出現すると思われる。今から学びの習慣を身につけ、大きな変化に対応したい。

（2）なぜ学び直すのか、そしてなぜ中小企業診断士なのか

　「リスキリングを通じて、なぜ学び直すのか？」という問いを自分自身に向けると、答えは大きく2つある。

　1つ目は、やはり純粋に学んでいく過程が楽しいからである。スキルを習得し、できないことができるようになる。知らない知識体系を自分のものにしていく過程は非常に楽しい。2つ目は、スキル習得・知識獲得後に、新しい視座の獲得や人脈、機会が広がるからである。

　DX人材育成という文脈の中で語られるリスキリングであるが、なぜ私が中小企業診断士に着目したのか。26年間の会社勤めを卒業し、現在は大学教授としてセカンドライフを生きているが、それも65歳で退官となる。人生100年時代には、定年などないサードライフ（第三の人生）が必要なのではないかと考えるようになり、内定していた大学へ転身する1年前に、一度中断していた中小企業診断士の勉強を再開し、幸いにも、その年の試験に合格することができた。

　サードライフに、これまでの知識・経験を活かし、経営支援にまつわる新しい知識も幅広く獲得しながら、中小企業支援を通じて社会貢献するのもいいのではないかという考えに至ったわけである。

（3）中小企業診断士登録後の世界

　中小企業診断士という資格は、さまざまな業界人が取得しており、東京協会中

央支部にある研究会やプロ・コンサルタント養成塾（以下、プロコン塾）、支部活動などを通じて、自ら動き積極的に活動すれば、無限に人脈を広げることができる。特に、東京協会中央支部には、魅力的な研究会、プロコン塾が多数あり、診断士登録直後は、体が10体くらいほしいと思ったほどである。体が10体あれば、興味のある研究会、プロコン塾にすべて参加し、企業研修講師、企業経営コンサルタント、本の執筆などで人生を楽しむことができるからである。

　私の研究領域の1つであるメタバース分野では、メタバース上で自分の分身であるアバターを同時並行に複数自動操作し、各アバターが異なるメタバース上で、それぞれ異なる人生を生きていくような研究も行われているが、人生100年時代には、同時並行的に複数の人生を生きることが可能になるかもしれない。

　26年前、企業の研究所に入社した頃、当時のWeb会議システムの開発研究者は、多くのビジネスマンがオンラインWeb会議で効率的に日常業務をこなす未来を思い描いていた。それが今、現実となっていることを考えると、やはり人間の想像力と実現力には驚愕するものがある。人類が現時点で想像できるものは、数十年後には、実現できるのである。

（4）本業とのシナジー効果を意識してコンサルティングを実施

　ここでは、2つのコンサルティング事例を紹介したいと思う。

　1つ目の事例は、新型コロナ感染症が拡大する中、企業存続のため、やむをえず従業員を全員解雇して、1人で何とか会社を経営している社長より相談を受けての取組みである。診断士仲間とチームを組んでコンサルティングした事例である。飲食店にお酒を卸している卸業者で、過去の成功事例はあるものの、販路拡大・売上拡大に悩んでいる社長からの世相を反映した深刻な相談であった。

　大学で講義を担当しているAI・データサイエンスの知識をマーケティングに応用すれば、これまで培ってきた経験や知見の多重利用ができ、シナジー効果が発揮できるのではないかと常日頃から考えていた時期でもあった。

　幸いなことに、チームメンバーもAI・データサイエンスに興味を持っており、

われわれ自身の勉強も兼ねて、マーケティングに応用してみようという話になった。従来から、デシル分析やRFM（Recency Frequency Monetary）分析などで、顧客の購買履歴データを利用してターゲットを絞り込む手法はある。しかしながら、店舗属性データを多変量解析し、ターゲットを絞り込む手法は、中小企業ではあまり聞いたことがない。

そこで、新たな手法として、ぐるなびで公開されている店舗属性データとこの企業が持つこれまでの成約データを統合的に分析した。具体的には、成約店舗の属性を説明変数、該当店舗が契約につながったかの有無を目的変数とした重回帰分析をすることで、どのような属性の店舗に営業をかけると取引に結びつくのかを表現した成約モデルを構築した。このモデルを活用することで、成約率が高い店舗をターゲットにした効率的な営業が可能となった。このような、従来にはないターゲットの絞り込みは教科書などにはなく、先進的な試みといえよう。ここでは、私が企業の研究所で過去の研究データを分析する中で体得してきた独自のノウハウを活用した。

近年の業務のDX化の流れもあり、社長から大変評価が高く、ぜひ営業先店舗の絞り込みに活用したいと力強い言葉をいただいた。このように、経営には総合的な知識の活用が必要であり、学問領域の知見の実践の場としての経営支援は、研究と実践の両方の側面から非常に興味深い。今後も、このような好事例を重ねていきたいと思う。

2つ目の事例は、本業と診断士活動とのシナジー効果を狙い、経済産業省主導のデジタル推進人材育成プログラム「マナビDX Quest」に参加し、自ら学ぶ側を体験する取組みである。過去に本プログラムに参加したことがある先輩診断士から紹介されたものである。このプログラムでは匿名参加が原則であり、本業での立場を離れて失敗が許容される実践プログラムが提供されている。

本プログラムは、仮想企業の課題をAI活用して解決する第1タームと、実際の企業の現場課題をAI活用して解決する第2タームから構成される。第1タームにおいて、プログラミングスキルの不足する参加者には、AI・データサイエ

ンスのプログラミング演習も多数用意されており、リスキリングには非常にいい
環境が提供されている。第2タームでは、AIによる課題解決を希望する実際の
企業と本プログラム参加者のマッチングが行われ、AIを活用した課題解決が行
われる。われわれが担当した中小企業の課題は、ある商品の需要をAIを活用し
て予測することであった。この課題に対し、現状の熟練者の予測能力を超える
AI予測結果を示すことで社長に満足いただいた。

（5）100歳まで自分らしく活動するために

　100歳まで生きることが日常になったとき、何も新しい知識を獲得せず、三度
の飯を食べ、近所を散歩し、風呂に入り、寝るという日常を繰り返すのはあまり
にも長すぎる人生のような気がする。

　バブル期、「くうねるあそぶ」という言葉が日産のテレビCMで流れた。この
CMの意味するところは、「食う」、「寝る」は生活に必要なことだが、これに
「遊ぶ」を入れることで、人生に余裕や彩を持たせるということのようである。

　サードライフは診断士として、「くうねるまなぶ」をモットーに、常に新しい
知識を獲得しながら、中小企業支援を行い、人生に余裕や彩を添えることができ
たらいいと思う。人生の最終地点を見据えて、今を軽やかに生きる。老害になら
ない程度に社会貢献をしつつ、人生の最後を迎えられたら本望である。

　私が所属する東京協会中央支部フレッシュ診断士研究会で出会った仲間には、
会社を定年退職してから、本格的に診断士活動を始めようとする意欲のある人が
多く、人生の先輩として、そしてお手本として尊敬できる人ばかりである。

　研究会の講義では、毎回、1,470名のOB・OGのうち数名が卒業後の活動内容
を紹介してくださる。サードライフも自分らしく生き生きと活躍されている様子
がうかがえ、ロールモデルとなる先輩がOB・OGネットワークに多数いる。フ
レッシュ診断士になったら、まず入会することをおすすめしたい。自分らしく生
きるためのヒントが必ず得られると思う。

5-3
次世代を見据えた
事業承継コンサルティング

(1) FPコンサルタントとしての事業承継支援

　私は中小企業市場に特化した生命保険会社に勤務しており、近年の事業承継支援ニーズの高まりを踏まえ、FP（ファイナンシャル・プランナー）コンサルタントとして事業承継支援に従事している。

　生命保険会社で事業承継支援を行っている理由は、生命保険は事業承継対策との親和性が高く、①事業承継前後のリスク対策（万が一の就業不能時の保障確保）、②円滑な事業承継に向けた自社株対策、③個人の相続対策など、効果的に活用できるケースが多いためである。

　活動内容は、生命保険による経済的な対策支援だけではなく、事業承継を検討する上で欠かせない自社株評価による現状把握から、事業承継対策、個人の相続対策の検討等、保険の枠を超えたトータル支援を行う役割を担っている。

　中小企業診断士の学習を通じてコンサルティング手法が広がり、これまでに比べて経営者に寄り添った支援ができるようになったと感じている。ここでは、診断士の資格取得を通じて変化した自身の活動について紹介する。

(2) 診断士資格取得前に直面したコンサルタントとしての課題

　事業承継とは後継者に事業を引き継ぐことであり、「資産承継」と「経営承継」の2種類の承継を完了させる必要がある（図表5-3-1）。

　事業承継対策を検討する上で重要なことは、①2種類の承継のバランスを考慮し、全体最適となるようにすること、②承継後を見据えて、長期的な視点で効果を最大化すること、であると考えている。

　しかしながら、これまでの私はFPの専門分野である「カネ」（＝資産承継）

図表 5-3-1　事業承継における 2 つの承継

事業承継	
資産承継（モノ・カネ）	経営承継（ヒト）
・自社株　　・事業用資産（設備・不動産） ・資金（運転資金・借入金）等	・経営理念　　・知的財産 ・後継者育成　・従業員の技術や技能等
これまでは、ＦＰとして資産承継に関する支援 （税務や法務等）に偏った活動	経営全体を捉えた経営承継の支援は企業の発展 に不可欠であるが、対応できていない状況

の部分的な視点に偏っており、かつ、社長から後継者へ事業承継する際の短期的な提案（自社株移転方法のアドバイス等）にとどまっていた。承継後を見据えた経営承継支援の重要性を理解しつつも、その対応ができていないことに大きな課題を感じていた。

　また、生命保険はお客さま企業の数ある課題のうち、特定の課題を解決するための 1 つの手段にすぎないが、当時の私は、「生命保険を活用して解決できる課題はないか」という、保険提案ありきの営業的アプローチになりがちであった。このように、経営課題の全体像を把握できず、的確なコンサルティング支援につなげられない悔しさが、診断士資格取得を目指すきっかけとなった。

（3）診断士資格取得を通じて変化した支援スタンス

　経営には、「経営戦略」、「組織・人事」、「法務」、「会計・税務」、「オペレーション」という要素があり、それぞれバランスよく考える必要がある。このことは、事業承継においても同様である。図表 5-3-2 は、会社経営（オペレーション）を中心とし、対極にある要素（攻め↔守り／合理的↔感情的）を互いにバランスを取りながら運営していくことの重要性を示している。

　診断士資格取得の学習をする以前は、資産承継の範囲しか支援できていない状況であったが、診断士の学習を通じて会社経営に関わる幅広い知識を習得し、全体をとらえる幅広い視点が持てるようになったと実感している。

　これまではコンサルティングの視野が狭く、「自社の生命保険という機能を活

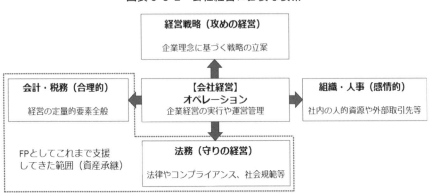

図表 5-3-2　会社経営に必要な要素

出典：河合保弘『種類株式＆民事信託を活用した戦略的事業承継の実践と手法』（日本法令）を参考に
　　　筆者作成

図表 5-3-3　診断士の学習により得た事業承継に関する知識

	事業承継支援に求められる知識	知識の変化	診断士の学習を通じて新たに得た知識（※は既存知識）
「資産承継」関連知識	税務	○	※これまではFPとしての税務知識（相続・事業承継、不動産等）を中心とした偏りのある活動であった。
	財務・会計（定量：合理的）	△→○	経営分析力が上がり、企業実態を正確に把握できるようになった。
	経営法務（守り）	△→○	相続・事業承継に関する法務知識の理解が深まった。
「経営承継」関連知識	企業経営（攻め）	×→○	経営全体像を理解することで、「ヒト」、「モノ」、「カネ」、「情報」の経営資源をトータルで検討できるようになった。
	運営管理	×→○	業種ごと（製造業、流通業等）のビジネスモデルの流れを把握できるようになったことで、業種の特徴を踏まえた対策検討が可能になった。
	組織・人的資源（定性：感情）	×→○	後継者のリーダーシップの発揮や従業員のモチベーションアップを考慮した対策検討ができるようになった。

用して、どのような対策を講じることができるか」という自社起点（プロダクトアウト）の発想であった。しかし、診断士の学習を通じて体系的な知識を得たことにより、「お客さまが抱えている真の課題は何か」、「その解決のために効果的

図表 5-3-4　診断士学習「前」と「後」で大きく変わったコンサルティング視点

	学習「前」	学習「後」
課題のとらえ方	部分（カネ）	全体（ヒト、モノ、カネ、情報）
対策検討の視点	自社起点	お客さま起点

図表 5-3-5　お客さま企業への支援スタンスの変化

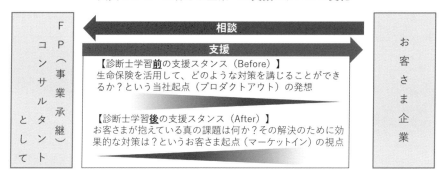

な対策は何か」というお客さま起点（マーケットイン）の視点を持つことができ、お客さまに寄り添った伴走型の支援ができるようになったと感じている。

（4）支援事例〜後継者による新事業展開〜

　資産承継だけでなく、経営承継支援ができるようになったことで、私のコンサルティング活動は大きく変化した。ここでは、実際に事業承継支援を行った某印刷会社の事例をもとに、活動の変化状況を紹介したい。

【相談経緯・支援概要】

・2年後に父親（社長）から承継することが決まった後継者より、事業承継の相談を受ける（相談内容は、自社株の移転方法や承継後の経営全般について）。

・今までであれば、自社株算定を通じた効果的な自社株移転方法等の資産承継支援にとどまっていたが、診断士の学習で得た知識が自信となり、経営課題を把握するところから着手。

図表 5-3-6　5 フォース：印刷業界の「5 つの力」に基づく "脅威" の把握

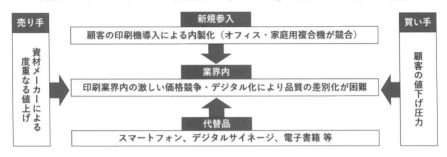

・まずは、5 フォース分析により印刷業界を取り巻く環境の厳しさを把握し、従来のビジネスモデルでは優位性を持続できないことを確認した（図表 5-3-6）。
・次に、クロス SWOT 分析による内部環境と外部環境を図表 5-3-7 の通り整理した。分析した結果、「機会」として顧客からマーケティングに関する相談が近年、増加していること、また、コンサルティング能力に長けた人材が在籍していることが「強み」であることを確認することができた。
・その後、社長と後継者で対話の場を設け、議論を重ねた結果、印刷という「モノ」から、印刷物等のツールを使って顧客のマーケティングを行うという「サービス」分野へ事業領域を拡大していく方針を見出すことにつながった。

図表 5-3-7　クロス SWOT 分析

		強み	弱み	【新事業展開】
		・後継者の IT、マーケティング知識 ・役員、従業員のコンサルティングスキル	・コンサルティング能力に長けた人材のスキルに依存 ⇒リスク対策の重要性	「モノ」から「サービス」へ事業領域を拡大する方針へ マーケティングサービスの展開によるコンサルティングを通じて、新たな収益モデルの構築を図る
機会	・デジタル化の進展による印刷業界内のマーケティング支援ニーズの拡大	【機会×強み】	【機会×弱み】	
		内部環境（自社の現状）と外部環境を把握した上で、社長と後継者で今後の経営戦略を検討		
脅威	・デジタル化の進展による紙媒体の減少 ・紙印刷業務における激しい価格競争	【脅威×強み】	【脅威×弱み】	

・同時に、新事業展開においてコンサルティング能力に長けた人材のスキルは必要不可欠であり、万が一の事態や就業不能時に不在になってしまうことを考えると会社にとって大きな痛手となるため、生命保険を活用したリスク対策（就業不能時における売上減少時の補填、運転資金確保等、経済的リスクへの対策）を講じることとなった。

これまでは生命保険を活用できる部分を探るような活動をしがちであったが、経営課題を深掘りすることで今後懸念されるリスクが顕在化し、お客さまが主体的にリスク対策を講じる必要性を感じていただけたことは、今までにない大きな変化であった。

(5) 今後の展望（事業承継の本質は、世代を超えた長期事業計画の実践）

事業承継は第二創業ともいわれるように、時代の変化に適合した後継者による経営革新は、企業のさらなる発展において欠かせないものである。特に同族内承継においては、経営者が1世代若返るため、新たな価値観や組織風土の変革につながりやすく、経営承継は資産承継以上に重要な支援分野である。

しかしながら、経営者にとって事業承継は人生の中で1～2回程度しか経験できるものではないため、税務や法務が関わる資産承継は外部専門家へ依頼しないと対応できないと考える一方、経営承継は後継者が社長の背中を見て経営者としての心構えを学び、自社内で何とかなると考える方が多いように感じる。

私が考える事業承継の本質は、先代経営者と後継者間で経営のバトンタッチをする一時的な経営課題ではなく、承継前後に時間をかけて取り組むべき長期事業計画の実践であると考える。経営承継をきっかけとした経営革新、事業再構築こそ、事業承継において計画的に取り組むべき課題であり、専門家による早期支援の重要性を痛感している。

今後は、事業承継対策に早期、かつ計画的に取り組むことの重要性を訴求し、診断士の学習で得た横断的な知識により、全体最適となる視点（資産承継＋経営承継）でトータル支援ができるように活動していきたい。

68歳で独立！ 年齢の壁に挑戦する
フレッシュ診断士

（1）52歳で資格取得し、68歳で独立

　私が中小企業診断士の資格を取ったのは、2004年、今から19年前、52歳のときである。銀行員として26年、1981年のアメリカを振り出しに、ドイツ、マレーシアなど海外生活17年。ドイツでは、フランクフルト、ハンブルグ、デュッセルドルフ駐在を経験した。

　その後、製造業に転職。英国バーミンガム、ウェールズ、インドネシア勤務を経て、68歳で診断士として独立した。

　現役時代、少ない社員で懸命に働きながら苦労を重ねる中小企業をみてきた。健康寿命といわれる85歳まではこれまでの経験を活かし、中小企業のお役に立ちたいという思いが引き金になって、中小企業診断士として独立した。

（2）独立1年目の活動

　独立後は、試行錯誤の連続だった。大学時代の友人、インドネシア勤務時にジャカルタ視察の際にお世話になった診断士の諸先輩、多くの友人、先輩から貴重な助言をもらった。

　元銀行員としての経験を活かすこと、国際派診断士として海外進出企業のアドバイスをすること、この2つを将来の目標とした。

　また、初年度は人脈をつくるため先輩のアドバイスを受け、東京協会城南支部をはじめ、いくつかの研究会に入会した（図表5-4-1）。所属した研究会の中でも、フレッシュ診断士研究会は特別だった。どうやってキャリアを積み上げ、収入を得るかを学べる研究会だった。

　月1回、主宰の小林勇治をはじめ3人の先生が診断士としての心構えや自身が

図表 5-4-1　所属した診断士の部会／研究会

東京都中小企業診断士協会城南支部
城南支部国際部
WBS ワールドビジネス研究会
太田区中小企業診断士会
川崎中小企業診断協会
東京都港区中小企業経営支援協会
企業金融研究会
BCP/CSR 研究会
チームコンサル研究会
フレッシュ診断士研究会
みんプロ塾

キャリアを積み上げてきた経緯を講演してくれる。自分の得意分野を活かし、時間をかけてキャリアビルディングを行う、あきらめなければ思いを遂げることができる、努力すれば最後は報われるという自信を与えてくれた。

　この頃、まだ収入はほとんどなかったが、中小企業診断士としての心構えを学びながら、今後の方針を描くことに注力した。

　まずは、自分の強みの認識から始めた。USP（Unique Selling Propositions）という自分の強みを探す手法がある。この手法を用いて、自分の経歴を振り返り、図表 5-4-2 のように強みを確認してみた。

図表 5-4-2　自分の強み

私の Unique Selling Propositions	説　明
海外の銀行・メーカー工場経営経験	さまざまな海外企業リスクを回避
銀行融資その他資金調達	必要な資金は銀行を説得し 100% 調達
語学力（英語・ドイツ語・インドネシア語）海外での人脈、コミュニケーション	海外企業での深刻な問題も現地の文化を踏まえ現地語で議論することで解決につながった

図表 5-4-3　74歳からのバックキャスティング

実践力

第2期目標

バックキャスティング

第1期目標

海外進出企業を支える
尖った診断士

2021年

海外進出製造業で
ものづくりの経験を蓄積

海外進出企業を対象に
資金調達支援と経営指導

2004年　　　　　　　　　　　　　　　69歳　　　　　　　　　　　　74歳

企業内診断士

独立診断士

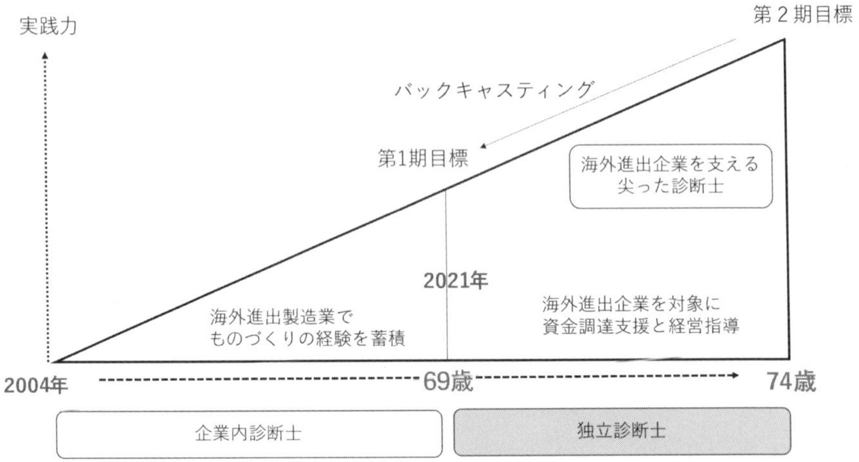

（3）試行錯誤の独立2年目

　独立して2年目になって、今、自分に不足しているものを補いつつ、74歳からのバックキャスティングの視点からキャリアを積み上げる仕組みづくりを始めた。

　バックキャスティングとは、達成すべき課題を目前に置くのではなく、将来の特定の時点の目標を実現するために、今、何をするかを考える手法である。企業が将来、実現したい目標を定め、それに向かって努力する様子を思い浮かべてほしい。その手法を自分に当てはめてみたのが、**図表 5-4-3** である。

　74歳に「企業の海外進出を支える診断士」になることを目標に置き、図表5-4-2で示した私の強み（USP）を最大に活かしつつ、不足する能力を徐々に補っていく絵を描き、取り組む組むべき事柄を可視化していった。

（4）ガラスの天井の克服

　独立して1年半を超え、年齢が最大の弱点だと気づいた。東京都振興公社、都内各区の商工会などの相談員に応募しても、なかなか採用されない。年齢制限は

70歳でも、応募者が多かった場合、70歳間近の応募者採用の優先順位は低くなる。性別によるガラスの天井は徐々に取り払われてきたが、人生100年時代といわれながら、年齢によるガラスの天井の厚さに、くじけそうになる。このガラスの天井を乗り越えることを当面の課題として、以下のことを始めている。

①行政書士との協業

今の診断士としての経験不足を補い、中小企業の資金調達の現状を知るために、行政書士と協業することを決めた。彼は行政書士として特殊ライセンスの認可手続きに従事する一方、私は補助金をはじめとした資金調達支援を担当し、収入は折半することで活動を始めた。この協業がどれだけ成果につながるか楽しみだ。

②新会社の設立

新規加入した診断士会で知り合った金融機関出身者と、これまでの借入負担で返済が滞っている顧客を抱える信用金庫を支援するため、新会社をつくることになった。

企業の再建支援は容易ではない。信用金庫などの中小金融機関にとって、再建支援は時間と手間を要する仕事だ。また、顧客となる中小企業にとっても、事業再構築補助金などを受け取っても事業の再生は容易ではない。時間と人一倍の努力が必要である。企業にとっては、再建に取り組む数年間が正念場だ。黒字が定着して初めて、再生事業が完結する。そんな企業に親身になって伴走してくれる支援機関があることは好都合だ。新会社は、そのような中小企業のニーズと金融機関の企業再生という課題を同時に叶えることを目的としている。現在は新会社の登記を終え、間もなく本格的に稼働する。

金融機関とともに企業を応援するこのビジネスモデルは、多くの関係者に支持されるものと確信している。

（5）尖った診断士となるために

私の強みが活かせる分野は、海外進出企業へのアドバイスである。将来的には、海外進出企業を支える尖った診断士になりたいと考えている。そこで、**図表**

5-4-4のように、左側に自身の強み、中間に自身の強みを活かしたビジネスモデル、右側にバックキャスティングを用いた達成目標をつくってみた。

　自身の強みは、主に海外現地法人での拠点開設などの金融機関での経験と、メーカーでの金融取引で実績があることである。現地の職員やオーナーとのコミュニケーション、現地規制の理解も強みである。

　中間のビジネスモデルは、海外企業経営者が進出前に気づかないさまざまなリスクや、ローカル職員とのコミュニケーション、現地での資金需要に対してアドバイスを提供し、伴走することとした。海外はどんなに魅力に富んだ国でも、想定外の出来事が頻発する。事前に想定したリスク管理マニュアルでは、対処しきれないことも多い。仮に問題が発生した場合には、迅速に問題を解決することが求められる。

　最後に、達成目標、提供価値として、海外進出企業に対し、ものづくりの要になるローカル職員、ローカル株主とのコミュニケーション、安定した資金調達などを通じて支援する海外拠点経営を置いた。

図表 5-4-4　私の未来像

海外進出を支える尖った診断士

海外企業との結びつきを強化

2022年
69歳

内部資源(自身の強み)	ビジネスモデル	74歳の達成目標
主に海外現法で拠点開設と拠点閉鎖を含む拠点経営	海外企業経営者が進出前には気づかない	提供価値
製造業の海外子会社で5億円の融資を3ヵ月で引出し金融の魔術師と呼ばれた	①ローカル職員/オーナーとの直接対話で企業内リスクを軽減	海外進出企業にものづくりの要になるローカル職員との対話で社内トラブルを解決
外部環境 想定外が多発する 海外経営	②現地での資金調達を容易にする	安定した資金調達

　この最終達成目標を目指して、現在の仕事を着々とこなしている。海外進出を
検討している企業に、さまざまなサービスを通じて信頼を得て支援先とする。そ
の目標を目指して、一歩一歩進んでいきたい。

第6章

診断士活動を経験した
私が今、思うこと

埋もれた興味・強みが生きる場所を見つけた

(1) 自身の名前でする仕事への憧れから診断士へ

　私は大学院を卒業後、民間企業に勤務している。企業内での仕事にはやりがいを感じながらも、以前より個人事業主のような自身の名前で仕事をすることへの憧れがあった。個人事業主や経営者の知り合いが比較的多く、皆、いきいきと活動している様子を見ていたからかもしれない。

　2020年3月、コロナが一気に広がり、自由な外出が制限された。在宅時間を有効活用し自身のキャリアをさらに広げたいと思い、以前よりチャレンジしたかった中小企業診断士の資格を受験した。運よく1回で合格し、診断士として幸先のいいスタートを切った。

　まだ診断士になって1年半と短いキャリアではあるが、診断士活動を通じて世界が広がったと感じる。交友関係が一気に広がっただけでなく、ご縁により多くの活動機会をいただき、その活動を通じて自身の強みや興味が増えた。その結果、より広い範囲で活動することができるようになった。以下では、診断士活動を通じて思ったことを記述していく。

(2) 診断士活動で復活した興味

①コンサルティングに対する興味

　私は、新卒で外資系の経営コンサルティング会社に入社した。新卒のときから、コンサルティングの仕事は、スライド1つ、Excelのツール1つ作るのもすべてお客さまのためとなる素晴らしいものだと思っていた。そして、それは今も変わらない。

　大変やりがいを感じていたが、実業を知らずに経営コンサルティングを行うこ

とに難しさも感じていた。コンサルティングを行う上でも実業を知りたいと思い、10年ほど前に今の勤務先に転職した。勤務先の仕事は充実しているが、コンサルティングへの思いがどこかにずっとあった。

診断士試験に合格し、実務補習という形で10年ぶりにコンサルティングに携わることができた。久々のコンサルティングの機会にドキドキした。もちろん、すぐにうまくはできなかったが、少しでもお客さまの行動に結びつく提案をしたいと皆で議論を重ね、実務補習は大変やりがいのあるものになった。

このように、再びコンサルティングの仕事に携わるようになったのも、診断士になったおかげである。今後も新卒のときの気持ちを忘れず、目の前のお客さまの役に立つコンサルティングを行っていきたい。

②国際ビジネスへの興味

また、私はもともと国際ビジネスに興味があった。台湾での業務経験もあり、この貴重な経験をどこかで生かしたいと以前は考えていた。しかし、日本に帰任して数年経ち、勤務先での仕事内容も国内向けを主としている中で、海外に対する思いも徐々に薄れていった。

そんな中、診断士試験に合格し、先輩の紹介で東京協会の「ワールドビジネス研究会」（以下、WBS）に参加した。WBSは、国際ビジネスにかかわる診断士の活動の場である。国際ビジネスで活躍する診断士の話を聞く機会があるだけでなく、私自身が実際に中小企業の海外展開支援に携わる機会も得られた。

診断士になり、国際ビジネスに携わるきっかけが得られ、忘れかけていた興味が再度、膨らんできた。これからもどう活動を広げていけるか楽しみである。

③酒蔵支援への興味

WBSの活動でもう1つうれしかったのは、酒蔵の支援にかかわれたことである。以前、とある診断士試験の合格体験記を執筆したことがあるが、そこに、「将来、診断士として酒蔵の海外展開支援にかかわりたい」と書いていた。その後WBSで、部分的にではあるが酒蔵の海外展開支援プロジェクトにかかわることができ、図らずも執筆の1年後に夢が叶った。

こんな素晴らしいご縁があるかと驚いた。そのプロジェクトはまだ続いているが、大好きな日本酒やその売り方について皆で議論することがとても楽しく、活動のたびにワクワクしている。

（3）診断士活動で再認識した強み

①人前で話す力

診断士活動を始めて1年半で、いくつか自分の強みを再認識できた。1つは、人前で話す力である。

私は学生時代にディベートを経験しており、当時は大勢の前で話すことが得意だった。しかし、社会人になり人前で話す機会もなくなり、いつの間にか苦手意識を持つようになってしまっていた。診断士試験に合格して、すぐに資格予備校の講師採用試験に応募したが、面接試験ではわずか10分間の模擬講義で緊張し、声が震えてしまったほどである。

採用試験の結果は、かろうじて合格であった。プレゼンはいまいちだが、中身が良かったということらしい。このままではいけないと思い、東京都中小企業診断士協会（以下、東京協会）中央支部のマスターコース「売れる！　人気プロ研修講師・コンサルタント養成講座」（以下、売れプロ）に参加した。売れプロではプレゼンテーションの理論を学び、実践を重ねることができた。

1年間、売れプロに必死に取り組んだおかげで、また人前で話すことが得意になった。2021年秋、東京協会中央支部の「講師オーディション」というイベントでは優勝することができた。その後も、東京協会のイベントでの登壇や資格予備校での講師登壇など、人前で話す機会を多く得た。そして、1年半前には模擬講義で声が震えていたにもかかわらず、今ではなんと研修講師として活動をしている。短期間でも人は成長できるのだと実感した。

②文章を書く力

文章を書く力も、診断士活動で再認識した強みである。

実務補習で、指導員の先生に「文章が上手ですね」と言われた。それまでは仕

講師オーディションの授賞式
（TOKYO SMECA ニュース令和 4 年 2 月号 p. 50 より抜粋・加工）

事で文章を書いたり人に読まれたりする機会はなかったため、突然のお褒めの言葉に大変驚いたが、うれしかった。そういえば、学生時代には当時人気の SNS 上で毎日あきずに日記を書き、友人から文章を褒められたことがあるのを思い出した。

　このたった一言で、「そうか、私は文章を書くことが得意なのかもしれない！」と、また 1 つ強みが増えた。中身はともかく、自分が書く文章は、平易でわかりやすいのだろうと理解している。偶然かもしれないが、現在は研修会社からも、社内教育や ISO など、さまざまな内容についてコラム執筆の依頼をいただくことがある。

　以上の強みは、いずれも診断士活動で多くのアウトプットをする中で得意だと再認識することができた。診断士にならなければ埋もれていたであろう強みが、診断士活動でしっかりと生かされている。

（4）診断士活動で新しくできた強み
①やればできるというポジティブな考え

　今まで述べたように、診断士活動で掘り返した強みもあれば、診断士活動を経て新しくできた強みもある。そのうちの 1 つは、やればできるというポジティブ

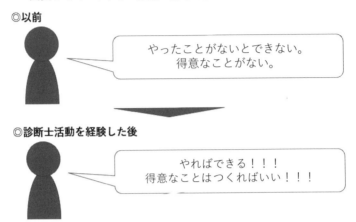

図表6-1-1　1年半の診断士活動を経たことによる意識変化

◎以前

やったことがないとできない。
得意なことがない。

◎診断士活動を経験した後

やればできる！！！
得意なことはつくればいい！！！

な考えである。特に未経験なことに対して、非常に前向きにチャレンジできるようになった。

　診断士になると、仕事や東京協会の業務など、1年目から活動の機会が山のようにある。診断士の先輩に「何でもやってみなさい」と教わり、私は診断士1年目に、執筆、講師、コンサルティング、イベントの企画・運営・登壇など、とにかく何でもチャレンジした。初めてのことだらけで、もちろん不安もあったが、まわりの人に助けてもらいながらも意外と何とかなった。

　そのような経験を通じて、診断士活動をする前と後で、未経験の仕事に取り組む心構えが大きく変わった。診断士になる前は、「やったことがあるからできる」と考えていたが、今では「やってみたらできる」と思うようになった。できない依頼はそもそも来ないという開き直りも大切である。

　さらに、以前は「自分には特に得意なことがない」とも思っていたが、今は「得意なことがないならつくればいい、見つければいい」と考えるようにもなった。得意かどうかも、自身のとらえ方次第、ブランディング次第であると気づいた。

②リーダーシップ

　リーダーシップも、診断士になった後に身につけた強みである。私は以前は
リーダーには絶対手を挙げないような、一歩引いたタイプだった。しかし、診断
士の先輩から、「目立ってナンボです。すぐ手を挙げましょう！」と教わった。
仕事が来るのをただ待つのではなく、個人として認識されて仕事をもらうには、
やはり良い意味で目立つことも必要なのだ。

　私は先輩の教えに従い、初年度からありとあらゆる活動でリーダーに立候補し
てみた。なかには難易度の高いプロジェクトが炎上し、リーダーとして責任を感
じることもあったが、最終的には何とかなった。数えてみたら、1年半の診断士
活動で、何かのプロジェクトリーダーになった回数は6回に上った。リーダーに
なることを避け、目立たないように隠れていた人間の大きな成長である。今で
は、リーダーをやることがごく自然になった。

（5）診断士活動を経験して思うこと

　以上のように、私は診断士活動によって、忘れかけていた興味を再認識すると
同時に、強みを手に入れることができた。これらは、診断士活動を通じて多くの
方と出会い、多くの活動の機会をいただいたおかげである。充実した診断士活動
も、人とのご縁があってこそのものと考える。

　私は複数の研究会とマスターコースで学んだが、それぞれの先生方がおっしゃ
る「大切なこと」には明らかに共通点があった。素直に礼儀正しく前向きな姿勢
で人と接すること、いただいた仕事をまずは何でもやってみること、プロ意識を
持って期待を超える努力をすること、そして何より、ご縁を大切にするというこ
とである。この本の執筆も、日頃からお世話になっている「フレッシュ診断士研
究会」から紹介されてチャンスをいただいた。

　今後もご縁に感謝し、ご縁を育てていきたい。そして、人とのつながりの中
で、埋もれていた興味や強みをさらに発見し、生かし、それをまわりの人や世の
中に還元していきたいと強く思う。

6-2
一味違う！ 中小企業診断士ならではの エンパワーメント手法

（1）中小企業診断士資格の特徴

　独占的に業務を行える資格（業務独占資格）として、弁護士、税理士、社会保険労務士、司法書士、行政書士がある。法的に特定分野の業務が独占的に行える士業で、企業の代理人として業務をすることが可能である。

　一方、中小企業支援法によれば、中小企業診断士には、中小企業者に対し適切な経営の診断や助言を行う役割が求められているが、独占業務があるわけではない。中小企業者に伴走し、現在と将来に向けた経営課題と向き合う業務であり、業務独占資格とは異なる一面がある。

（2）中小企業診断士のコンサルティング

①業務独占資格との違い

　私は特定社会保険労務士の活動をしているが、労務管理、労働・社会保険の専門家として、労働基準監督署、ハローワーク、年金事務所への申請手続が完了して成果物となるため、行政機関対応が中心となる。クライアント企業と行政の仲立ちを行い、企業の代理をしながら、ときには、企業へ行政の立場から申請手続を説明・指導することもある。

　これに対して、中小企業診断士は、クライアントと寄り添うことが求められる。成果物は手続代行の類だけではなく、課題解決が中心である。その妥当解は、クライアントである経営者の頭の中にあることが多い。

　このことから、業務独占資格である士業の手法はティーチングであり、中小企業診断士はコーチングであるという大きな違いがある（**図表6-2-1**）。

図表 6-2-1　中小企業診断士と業務独占資格

	中小企業診断士	業務独占のある士業
手法	コーチング	ティーチング
行政手続	補助金、助成金申請	法的申請、届出
主目的	経営全般の支援	特定課題の解決
課題解決法	経営者の考案	行政への確実な申請
向き合う対象	主にクライアント	クライアント＋行政機関
特徴	経営の方向決定 傾聴重視で動機づけ	行政手続 指導重視で義務の履行

②大企業向けコンサルティングとの違い

　大企業向けの経営コンサルティングでは、多数の企業の指導事例と幅広いノウハウ、理論に裏打ちされた経営戦略パッケージが考案される。実践に相応の経営資源と力量がある場合は有効である。しかしながら、中小企業はそのとおりにならない。もちろん、中小企業診断士には、メジャーなコンサルティングファームや大手企業出身者もいる。しかし、過去の業務成果が潤沢な経営資源と優秀なスタッフに裏打ちされたものであった場合、経営資源に限度がある中小企業には実現不可能な提案となることもある。受け入れられない提案とならないように目線合わせをして、ニーズに合った実現可能な提案をすることが必須である。これが、大企業と中小企業のコンサルティングの一味違うところである。

(3)「教える」でなく「導く」

　中小企業診断士は、「教える」、「代理をする」のではない。経営環境の変化に対応するためのアドバイスを「導き出す」、「引き出す」のである。また、中小企業診断士は、企業活動全般にわたり伴走しながら経営支援を行うので、絶えずクライアント企業の考え方に共感して行動する必要がある。その中で、経営者のアイデアを引き出し統合して、不断のイノベーションを実践し、将来に向けた成長の可能性を導き出す。他士業とも連携することがあり、中核となって活動する。図表 6-2-2 のようなイメージである。

図表 6-2-2　中小企業診断士と業務独占資格の連携

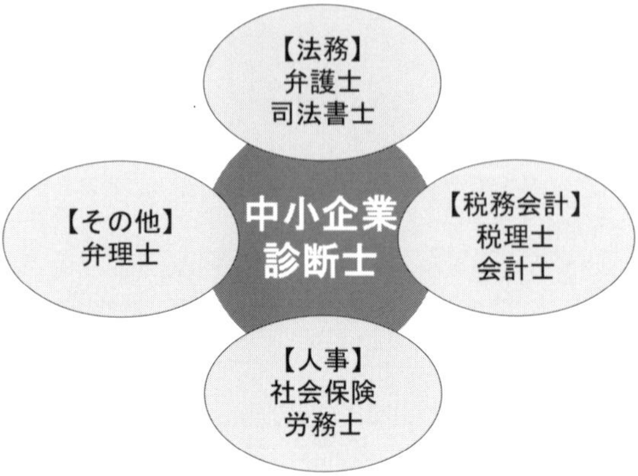

（4）企業診断の実際

　実際の経営支援にあたり、クライアントとの信頼関係を早急に築くためには、第一印象が大切である。身だしなみ、所作、話し方など、好感が持たれるような態度で接する配慮が必要である。まずは共通の話題を提供し、アイスブレークをして関係づくりをする。そして、アドバイスは相手の印象に残りやすいキーワードを選びながら丁寧に伝える。引き出しを多くして、企業との面会の事前準備は入念に行う必要がある。なお、経営診断は、一般的には、**図表 6-2-3** のような方法で進める。

　一方で、実際には総合的な企業診断よりも、喫緊の経営課題を解決することや、助成金の計画支援を直接行ってほしいというクライアント企業も多く、課題を絞って対応することが多い。こうした場合の業務フローの違いを、**図表 6-2-4** に示す。

　助成金支援は、申請というゴールをイメージする。診断フローは状況に合わせて応用できるバリエーションを持っておくことが大切である。ゴールへの道筋は、1 つだけではない。海流や天候を読みながら、羅針盤で目標を見定め、その時々で妥当な針路を選択していく航海と似ている。

図表6-2-3　企業診断のフロー

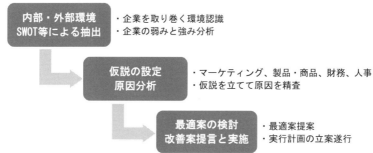

図表6-2-4　①特定テーマの診断と②助成金支援のフロー

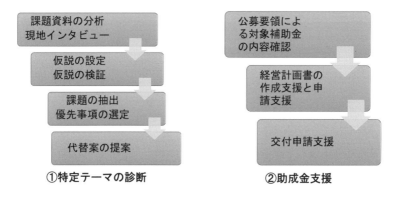

（5）妥当解は経営者にあり

　クライアントと向き合うと、多くの経営者には、やりたいこと、課題と感じていることがあふれており、何から着手すべきか迷っているケースもある。

　実際、当初の訪問では、創業、資金、マーケティング、経営の方向性、人事など、課題整理ができていないことが多い。曖昧であればあるほど、解決に向けた焦点が定まらない。この状況であると、中小企業診断士として即時に解決できる方法を提案することはかなり難しい。

　経営者は、誰よりも会社の内部事情や経営環境に精通している。まず社長の考

え方を拝聴し、課題を整理して、経営者本人からアイデアを出してもらうのが妥当といえる。経営者の役割は経営判断であり、経営課題の妥当な解法は経営者にある。

(6) 中小企業経営者へのエンパワーメント

経営の全体感をつかみ、仮説を立てる上で、クライアントが課題と感じているテーマのみならず、潜在的な問題を抽出していくことは重要である。企業内では言いにくいことや耳の痛い話の中に、解決すべき課題が見つかることもある。氷山の一角から見えない深部を明らかにしていくイメージで、経営者に企業の全体像を認識させる。経営者が本来持っている力を再発見し、主体的な意思決定により自発的に行動できるよう勇気づける。

中小企業診断士が第三者的立場から共感し、経営者が自発的な意識のもと潜在能力を最大限まで発揮できるようなる。これが、中小企業経営者へのエンパワーメントとなる。

(7) 診断現場における留意事項

①多岐にわたる情報と整理

クライアント企業へのインタビューは、経営戦略、商品、サービス、マーケティング、財務、人事の切り口から行う。まず経営者にインタビューを行い、次に業務分担、業務手順、PDCA、権限と責任の観点で情報を整理し、状況を把握する。

私は、財政状態や経営成績をみる際に財務諸表を使うが、企業診断においては人材配置図も重視する。会社組織は、必要性から直感的に重点化したい事項に人材が投入されることも多く、バランスの良し悪しから課題が見つかるときがある。

さらに、企業と面談したその場で業務関係図を作成するのも有効である。作成プロセスを共有すると、ボトルネックの発見に活用できる。共有できる情報量は格段に増大するため、お互いのミスリードも防げる。

図表 6-2-5　業務効率化のフロー

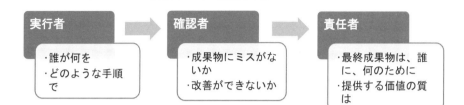

　図表 6-2-5 は、業務効率化の進め方である。実行者、確認者、責任者の役割で重複や無駄がないかをまとめる。多岐にわたる情報を、丁寧に整理していくことが大切である。

②専門知識とクライアント企業経験の融合

　クライアントは、最初は中小企業診断士を専門家として信頼してくれる。提示する発言は一言一句、提案と印象はすべてが受け止められると考える。専門知識に加え、企業訪問で得られた知識とノウハウは各人が持つ独自性の高いものであり、中小企業診断士が個人ごとに持つ専門知識や経営者の経験と相まって、経営への重要な提案につながる。

③経営支援はシナリオが重要

　コンサルティングは、開始からクロージングまでのシナリオが重要である。面接での支援は数回続くことがあるが、その時々のテーマとクロージングまでの確認事項、想定される質問事項と回答等のシナリオを事前に作成しておく。発言や提案で参考になることは記録し、会議終了時に会議内容と次回の課題を必ず確認し、議事録を作成して提供することが効果的である。

④想像力

　私は、人事関係以外の分野に精通しているわけではない。ところが、現地に行けば、万能の専門家として期待される。実際に対応した業種は、製造業、飲食店、広告代理店等、多種多様であった。それでも、できることから対応して、わからない課題は方向性だけでも示し、ときには他士業の方と連携支援をした。

全体感をつかむために必要なのは、想像力である。経営者目線に立ち、自身の経験とノウハウをフル活用し、経験が少ない部分では想像力を駆使して全体感をつかむことで、仮説設定から提言につなげる。

⑤励ますこと

　経営支援では、ノウハウの提供以上に、経営者を励ますことが重要と考える。経営者は社内の象徴として存在する役割があり、会社側の当事者である。一方、従業員はステークホルダーであり、一線を画した立場にならざるをえない。結果として、経営者は社内で1人、悩んでしまうことも多い。中小企業診断士は、経営者の過去の実績を称賛し、今後の明るい未来へ希望を持てるように動機づけることが大切である。「向き合う」、「尊敬する」、「称賛する」、この3つのスタンスで接することで、経営者に自信を持たせられることもある。

　以上の留意事項を踏まえた活動が、中小企業診断士として期待される。

6-3
独立半年で **1,000** 万円を稼げた
本当の理由

（1）独立初年度に年収 1,000 万円突破

　私は、2021 年 6 月末で勤務先を退職し、独立診断士となった。初年度は独立して半年の稼働だった。思った以上にあわただしい毎日だったが、確定申告で 1 年間の収支を整理したら、診断士業務の年収が 1,000 万円を超えていた。

　ここでは、独立初年度に売上が急増した理由と、独立初年度から好調なスタートを切るための秘訣をお伝えしたい。

①「稼げる！ プロコン育成塾」との出合い

　企業内診断士で定年まで過ごすと思っていた私は、年々、焦りが増大していた。今のままの状態で定年後独立した場合、果たして中小企業診断士として使いものになるだろうか。能力が陳腐化しているのではないだろうか。そうした不安を抱いている中、「稼げる！ プロコン育成塾」（以下、稼プロ）の OB に知り合いが

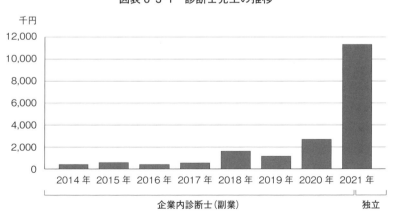

図表 6-3-1　診断士売上の推移

千円

企業内診断士（副業）　　　　　　　　　独立

増え、2015 年春、稼プロに入塾した。

　稼プロのカリキュラムでは、診断士としての心構えから始まり、「診る」、「書く」、「話す」の基本スキルを学んだ。

　話すことには、苦手意識を持っていた。人前で大きな声を出す習慣がなく、滑舌も悪かったため、人前で話すことを避けていた。しかし、ボイストレーニングの特別講座を受講し、立ち姿勢や腹式呼吸などの指導を受け、大きな声を出す練習をするようになってからは、話すことへの苦手意識もなくなった（早朝に荒川の河川敷に行き、発表原稿を大きな声で音読した。何度も大きな声で音読していると、詰まることなく自然と話せるようになった）。

　こうして基本スキルを磨き、中小企業診断士としての自信が持てるようになった。しかし、それ以上によかったのは、自分自身のキャリアビジョンを作成したことだった（後述）。

②独立初年度の診断士活動～気がついたら年収 1,000 万円突破～

　稼プロに入塾してから意識が大きく変わり、行動も変化した。5 年以内に独立するという目標の実現に向け、積極的に活動するようになった。

　意識が変わってからは、募集の声がかかることを、ご縁やチャンスととらえ、せっかく声をかけていただいたのだから頑張ってみようと思うようになった。こうして 2016 年スプリングフォーラム（新人歓迎イベント）のプロジェクト実行委員を引き受けることにした。

　プロジェクトを通じ、総務部以外の知り合いが増えた。イベント成功のため、ともに汗をかいた仲間である。こうした仲間が増えたことで、その後の中央支部イベントに参加する楽しみが増えた。イベントの当日実行委員にも積極的に参加するようになり、人的ネットワークが拡大した。

　診断士としての意識が変わってきた私にとって、「フレッシュ診断士研究会」（以下、フレ研）は魅力ある研究会だったが、資格取得後 10 年を経過しており、もはや新人診断士とはいえないので、入会はあきらめかけていた。ところが、あるイベントに参加した際、小林勇治先生から、「リフレッシュでも入会して構わ

図表 6-3-2　要因別売上構成 （2021 年 : 独立初年度）

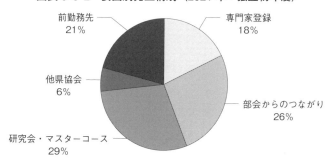

ないよ」と温かい声をかけていただき、躊躇することなくフレ研に入会した。この研究会では、先輩診断士の経験談に毎月刺激を受け、診断士の人的ネットワークも加速度的に増えた。

　活動が活発化したことで、知り合い（ネットワーク）が大幅に増加した。私が独立したことを知ると、いろいろな方から仕事の紹介があった。断ると二度と声はかからなくなる。私は、えり好みせず、すべての紹介案件を引き受けた。

　こうして、あわただしく2021年を過ごし、気がつくと、独立初年度の診断士収入は1,000万円を超えていた。そのうち、ほぼ4分の3は知り合い（ネットワーク）からの紹介案件だった（専門家登録、部会からのつながり、研究会・マスターコースの合計で73%）。

（2）独立前にやっていたこと

　診断士になりたての頃は、会社を辞めて独立することは夢想であり、リアリティがなかった。なれたらいいが、独立したら収入も不安定になるし、自分には無理かなといった意識だった。

　しかし、2021年に独立した頃の意識は、まったく異なっていた。独立するのは当然のように思われ、先行きの不安はほとんどなかったと思う。

　なぜ、意識が変化したのだろうか。ヒントは、独立前の行動にあった。

①キャリアビジョンの作成

東京協会中央支部のマスターコースである稼プロと出合い、キャリアビジョンを作成したことが、自分の意識や行動を変え、独立診断士を目指すきっかけとなった。キャリアビジョンによって、自分に足りない部分や課題を明確化、具体化できたことが大きい。

実は、5年以内に独立すると宣言はしたものの、キャリアビジョンを作成した段階では、心の中では躊躇していた。そして、不安を抱える私に、塾長がこう言った。「高橋さん、診断士の仕事を躊躇せず、どんどんやりなさい。忙しくなって両立できなくなったときが、独立するタイミングです」。この言葉で妙に納得した私は、心のブレーキを外し、積極的に診断士の仕事に取り組むようになった。

②課題の克服

キャリアビジョン作成時の私の課題（問題点）は、以下の通りだった。

・銀行経験を強みにしたいが、経験が陳腐化しているのではないか

・コンサル経験が不足している

・人前で話すのが苦手である

私は金融機関出身だが、銀行を退職して10年以上経過していた。経験が陳腐化しているのではないかとの懸念があったため、研究会で研鑽したいと思ったが、金融機関について研鑽のできる研究会は存在しなかった。だったら、自分がつくればいいと考え、行動できるようになっていた。

私は、埼玉県協会で事業性評価研究会を立ち上げ、会員を募ることにした。すると、たくさんの会員が入会してくれ、その中には銀行出身の会員も5名前後含まれていた。3年間にわたり、20回前後の例会を開催し、金融機関のトピックスや審査の見方などについて情報交換した。すると、私が在籍していた頃と、金融機関は何ら変わっていないことがわかり、自分の銀行員経験に自信を持つこともできた。

コンサル経験が不足している点については、有給休暇（半休、全休）を積極的

に活用し、顧客訪問の案件を積極的に受けることにした。徐々に顧客接点が増え、コンサル経験を蓄積したが、そうはいっても、しょせん、企業内診断士の有給休暇日数程度しか増えない。そこで私は、勤務先（企業内）で診断士的業務を開始することを目指した。上司との面談時に、「診断士の資格を活かせたらいいですね」とささやいた。すると上司は、他部門長に相談し、新規開業オーナー向けの創業セミナーを任せてくださった。助成金申請のサポートも経験できた。

　人前で話すことが苦手だった点については、年数回、稼プロの特別講座でボイストレーニングに通う機会があった。講師は、元テレビ局アナウンサーである。特別講座では、午前中は専ら柔軟体操を行い、午後に朗読の指導を受けた。回数を重ねるうちに、自然と大きな声が出るようになり、滑舌の心配もなくなった。大きな声が出ると、自信を持って人に接することができるようにもなった。

　独立前年の2020年には、会社を退職する意識が高まってきていた。ちょうどコロナの影響で、診断士の需要も増えていた。区役所のセーフティネット認定業務を手伝ってくれないかとの声がかかり、有給休暇を消化し、区役所に通うこととなった。勤務先には、「社会的要請があるので、世の中の役に立ちたい」と言って理解してもらった。セーフティネット認定業務では、1日に5～10人の事業者と面談した。数多くの事業者と接する機会が得られ、コンサル経験を一気に積むことができた。気づくと、有給休暇は年間30日消化していた。

　コロナの影響で大型補助金が登場し、話題となった。事業再構築補助金である。私は、診断士仲間に声をかけ、勉強会を立ち上げた。公募要領も出ていない頃から、勉強会を通じて準備を進めたおかげで、いざ補助金の募集開始になると、自信を持って相談に乗ることができた。第1回公募で5件の案件に対応することとなったが、何とか締切に間に合わせることができた。しかし、そのために締切直前は、ほとんど睡眠時間のない毎日となった。まさに、「忙しくなって両立できなくなった」。こうして、不安を抱えることもなく、独立すべくして独立することができたのである。

(3) 独立するための心構え

　最後に、企業内診断士で漠然とでも将来の独立を検討している方へ、独立するための心構えをお伝えしたい。

①人脈を広げる

　私の場合、独立初年度の仕事の4分の3が、知り合いからの紹介だった。人脈を広げて、自分の人となりを知ってもらえると、将来独立した際に、案件を紹介してもらえる可能性が広がる。私の場合は、研究会の知り合いもさることながら、中央支部の部会活動での知り合いから多くの案件を紹介された。

　ただし、知り合ったからといって、すぐに案件を紹介してもらえるわけではない。人となりを知ってもらうには、ある程度の時間も必要であることを認識しておいてほしい。私の場合は、独立したときには、東京協会中央支部に入って15年、埼玉県協会に入って5年が経過していた。

②企業内でも診断士の仕事をする

　企業内診断士は、独立診断士に比べ、診断士活動の時間が制約されている場合が多い。診断士経験が多いほど、独立に際し自信が持てるようになる。そこで、勤務先の仕事の中に診断士的な活動をクロスオーバーすることを推奨したい。そのためには、上司に診断士の資格保有について報告し、理解・協力が得られるとベターである。

③処理能力を高めておく

　診断士仲間でコーヒーショップに行き談笑していると、独立診断士がすきま時間を使ってパソコンを叩き、仕事をしている風景をよく見た。独立診断士は企業内診断士に比べて、仕事のスピードが早い印象を受ける。企業内診断士でも将来独立することに備えて、短時間で案件処理する習慣を身につけておくといいだろう。

　独立するためには、企業内にいるうちから準備しておくことをおすすめし、これから独立を目指す諸氏のご活躍を祈念したい。

6-4
ミーコッシュ理論に感謝！ 公的機関の仕事を 民間ベースの仕事につなげる方法

（1）公的機関の仕事

　私は、個人事業主として独立し、5年目になる。一部上場企業の住宅設備機器メーカーに34年勤務し、57歳のときに独立開業した。現在は公的機関で月10日前後勤務し、残りは自分で民間ベースの仕事をしている。

　独立当初は、元の会社関係の顧客を数社、民間ベースの仕事として見込んでいたが、当てにしていた会社から受注することができなかった。これは、私が勝手に見込んでいた甘い見通しであり、世の中の厳しさを独立当初から味わうこととなった。

　独立前には、最悪、会社を辞めて民間ベースの仕事が取れなかったときは、公的機関の仕事でどうにか食いつなごうと思っていた。しかし、独立前にいろいろな研究会で先輩から聞いていた公的機関の仕事には、簡単に就くことはできなかった。そこで、改めて公的機関の仕事の現状を分析し、アプローチし直し、ようやく公的機関の仕事に就くことができた。

①公的機関の仕事概要

　公的機関の仕事とは、国・都道府県・市区町村の仕事である。仕事を得るには公的機関の受注委託先に属し、そこから受注することとなる。仕事は予算発注であり、定期的に発生する。謝金は一般的に、1日あたり2万円から2.5万円であり、民間ベース契約に比べて高くない。

　国の仕事は、主に中小企業庁の傘下にある独立行政法人中小企業基盤整備機構（以下、中小企業基盤整備機構）が担っている。都道府県の仕事は、傘下の公社が担っているケースが多い。東京都であれば、政策関連団体である公益財団法人東京都中小企業振興公社（以下、東京都中小企業振興公社）が担当している。市

図表 6-4-1　公的機関の仕事概要

母体組織	中小企業庁	中小企業基盤整備機構		東京都中小企業振興公社	区，市	中小企業団体中央会	東京都の経営革新
	⇩	⇩		⇩	⇩	⇩	⇩
専門家	ミラサポ（全国区）	専門家指導員	よろず相談	専門家派遣	専門家派遣	ものづくり補助金査定委員	経営革新・実践研究会
	⇧	⇧		⇧	⇧	⇧	⇧
登録方法	自分	書類選考⇒面接	紹介⇒面接	自分（5年の経験必要）	NPO，区直接	紹介	3回の見習が必要

区町村の仕事はそれぞれが実施しており、経営相談や創業支援などの仕事がある。これらをまとめたものが、**図表 6-4-1** である。

②公的機関の仕事内容

a．国の仕事

　国には、中小企業庁の専門家派遣事業「中小企業 119」がある。これで仕事を得るには、専門家として登録することが必要である。登録は各都道府県の中小企業診断士協会が行っている。仕事の発注は、中小企業基盤整備機構により各都道府県に配置された「よろず支援拠点」が行っている。

　また、中小企業基盤整備機構は自らも専門家を採用している。これは面接を経ての採用となる。前述したよろず支援拠点は、中小企業の相談窓口であり、ここも相談員として専門家を採用している。採用は紹介によるものが多い。

b．都道府県の仕事

　各都道府県にも、専門家の仕事がある。各都道府県が傘下の公社に仕事を担当させているケースが多い。たとえば、東京都は中小企業向けの支援機関を東京都中小企業振興公社として独立させている。この公社の職員や委嘱（月のうち数日、仕事を行う）として仕事を得ることができる。採用には面接を受ける

必要がある。また、独自に専門家として登録し、特定の専門分野の仕事を得ることができる。登録には、独立年数として5年間が必要となる。

中小企業基盤整備機構や東京都中小企業振興公社の採用募集は年末から年初にかけて行われるので、その時期にこまめにホームページを確認するといい。

c. 市区町村の仕事

市区町村の仕事は、各地域の中小企業診断士協会が受け皿となっているケースが多い。なかには、東京都港区や中央区などのように、中小企業診断士のNPO法人が受け皿になっているところもある。

このほかに、各市区町村の商工会議所や商工会連合会にも、専門家としての仕事がある。この仕事も、各地域の中小企業診断士協会やNPO法人などが受け皿になっているケースが多い。

公的機関の仕事は、市区町村の仕事から取り組むことをすすめる。各地域の診断士協会などが受け皿になっているので、紹介による受注が得やすいためである。国と都道府県の仕事は職員や嘱託として採用される必要があるので、時期が限られ、面接などに時間を要する。

(2) 私の公的機関の仕事

私は、とある都道府県の専門家として仕事をしている。独立後、3年目に面接を経て採用された。現在は、再生支援・事業承継コーディネーターとして活動をしている。その中で、中小企業の経営改善計画や事業承継計画を作成し支援している。

経営改善計画を作成する際には、小林勇次先生のミーコッシュ理論を利用させてもらっている。ミーコッシュ（MiHCoSH）理論は、マインドウェア（Mind Ware）・ヒューマンウェア（Human Ware）・コミュニケーションウェア（Communication Ware）・ソフトウェア（Soft Ware）・ハードウェア（Hard Ware）の5つの構成要素からなっている。

マインドウェアは、あり方・考え方（経営者・経営理念、戦略ビジョンなど）

（ミーコッシュ要素整備度分析(KPI：経過目標)／革新テーマ）

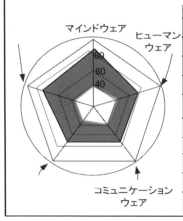

整備度	現状	目標	主要革新テーマ
MW	38	84	今までの考え方を白紙に戻して ⇒体質そのものを変える
HW	46	72	ツギハギ改善ではダメ ⇒抜本的なリデザイン
CW	48	72	今までのなれ合い取引ではダメ ⇒ルールの抜本的な見直し
SW	44	72	現状業務追随型ではダメ ⇒ソフトウェアを戦略化すべき
HW	40	80	現状業務追随型ではダメ ⇒ハードウェアを戦略化すべき
合 計	216	384	＋168
業 種	1.建設業　2.製造業　3.卸売業　4.小売業　5.飲食業　6.旅館業　7.洗濯業		
状況選択	1.黒字企業　　　2.赤字企業　　　3.再生企業		
現状売上	180,000万円	現状経常	12,493万円(6.9%)
改新売上	500,000万円	革新経常	44,200万円(8.8%)

（IT・経営革新のステップと期待効果：KGIG(到達目標)：11,767万円）

ステップ ＼ 項目	経 営 革 新 の 内 容	実施期間	現状コスト	再生後コスト	期待効果	投資金額
第一ステップ	マテハンの改善による期待効果	17.7〜18.6	729.6万円	0円	729.6万円	
第二ステップ	物流業務・システム革新による期待効果	17.7〜18.6	5841.7万円	2346.8万円	3,494.9万円	
第三ステップ	購買・製造・在庫管理システム革新による期待効果	17.7〜18.6	5,161.2万円	1,093.2万円	4,068万円	
第四ステップ	製品・製造資材・原料調達による改善効果	18.1〜18.12	3,097.7万円	0	3,097.7万円	
第五ステップ	受注入力、納品書作成、請求書発行に関する改善効果	17.7〜18.6	566.1万円	189.3万円	376.8万円	
合 計			15.396.3万円	3,629.3万円	11,767万円	

の革新、ヒューマンウェアは、やり方・スキル（外部環境分析、内部環境分析など）の革新、コミュニケーションウェアは、守り方・EDI（法令順守、企業内ルール、コミュニケーションルールなど）の革新、ソフトウェアは、知的財産権（のれん、特許権、実用新案権、意匠権、商標権、著作権など）の革新、ハードウェアは、有形資産（土地、建物、設備・車両、情報機器など）の革新をいう。

この5つの構成要素からなる要素整備度評価表により、経営改善計画の策定を申し込んできた中小企業を診断し、SWOT分析による現状分析と期待効果予測ツール（図表6-4-2）により、業績の改善項目による効果を数値化し、経営改善計画を作成している。中小企業に説明すると、効果を把握しやすいと好評である。

事業承継計画は株価の概算試算評価を実施し、中小企業庁の推薦する事業承継の10年計画を策定している。10年計画において、社長職などの地位の承継と自社株の資産の承継、そして、一番大事な無形資産の承継をきめ細かくスケジュール化して提案している。

経営改善計画を現社長と後継者で一緒に作成し、経営の承継と事業の承継をセットで進めることを推奨している。

（3）公的機関の仕事から民間ベースの仕事に

①民間ベースの仕事の受注

ミーコッシュ理論を応用した公的機関の再生支援・事業承継支援のノウハウを民間向けの事業承継計画と経営改善計画の作成ノウハウに展開させ、2つをセットにして、自社のセミナーメニューにまとめ直した。

このセミナーメニューを「後継者塾」と名づけ、某一部上場企業の販売代理店の後継者向け研修のメニューとして提案し、採用された。その内容は、次期経営者としての経営の「あり方」（マインドウェア）と経営の「やり方」（ヒューマンウェア）から構成されている。

②後継者塾の内容

私が企画した後継者塾は、後継者としてのマインドウェアの「あり方」に重点

を置き、ヒューマンウェアの「やり方」は経営計画の初歩的なつくり方を教えるにとどめている。後継者は「やり方」より、経営の「あり方」、すなわち、経営のスタートとなる考え方の方が大事だからである。考え方の方向が間違っていたら、「やり方」をいくら勉強しても意味がない。

「あり方」については、実際の2代目社長の企業を訪問し、実地で学ぶこととしている。企業見学では工場などの生産現場を学び、2代目としての経営理論、初代創業社長から引き継いだ苦労話を聞いている。

「やり方」については、ミーコッシュ理論の経営計画を初級版に改変し、つくり方の手順を教えているが、あくまでも最低限の内容である。

実学と理論が同時に学べると、大変高い評価を受けている。これも、ミーコッシュ理論のおかげである。

③今後の展開

後継者塾は6回コースで、1年間のトライアルとして実施したが、高い評価をもらい、通年コースとして採用された。これにより、1年間の独自研修メニューができあがった。今後は、これをベースにして他企業へ展開することを考えている。また、1日のコースは講演にも対応できるので、今後は講演活動も進めていきたいと思っている。先日も、初回コースの経営理念編の講演を受注し、実施した内容にもよい評価をもらった。

今後は、企業のコンサルタント活動に加え、研修と講演の活動も事業の柱として展開していきたい。将来的には、徐々に公的機関の仕事のウェイトを下げて、民間ベースの仕事の比重を高めていきたいと思っている。公的機関の仕事がメインだと、よくても年収約700万円までしか稼げないからである。コンサルタントとして目指している3,000万円プレーヤーにはなることができない。お金を求めているわけではないが、自分の市場価値向上を求め、さらなる高みを目指してのチャレンジである。

6-5
セカンドライフの探求は
計画的偶発性理論から

　計画的偶発性理論とは、クランボルツ教授が提唱する「個人のキャリアの8割は、予想しない偶発的なことによって決定される」という理論である。個人としては、よい偶発と出合う確率が上がるよう、計画的に取り組むことが重要になる。中小企業診断士になった私が、どのような計画的な取り組みで、どのような偶発的チャンスに出合い、キャリアを重ねることができたのかをご紹介したい。

（1）ノープランでスタート

　2021年1月、資格合格に喜び勇んだ私は、いちはやく15日コースの実務補習に申し込んだ。獲得した中小企業診断士という切符を最大限に活かしたい一心で、ロケットスタートを目指し、手当たり次第に新人向け説明会や見学会、体験講習に出席した。

　しかし、これといった決め手を得ることができず、5月の診断士登録までの微妙な空白期間に燃え尽き症候群を発症し、迷子になってしまった。無事、資格取得はできたものの、自分が中小企業診断士として何をやりたいのか具体的なイメージを持っていないことに、いまさらながら気がついたのである。

（2）計画的な名刺作成

　気を取り直し、まずは形から入ってみようということで、目標を立て、名刺をつくることにした。名刺に記載する中期目標は、「2026年に島根県での開業」とした。5年間、事前準備をすれば、何とか独立できるのではないか、また両親が住んでいる島根県での田舎暮らしもいいのではないかという思いからだった。短期目標は、自分に似合った専門分野を見極めることに決めた。目標を名刺に書き

初回作成名刺

入れ明文化することで、自分を追い込む作戦とした。診断士登録前だったので、「登録予定」と表記し、初対面の方との会話のきっかけにと、裏面に略歴を入れた。また、つながりが持てるよう QR コードを加え、顔写真も入れた。よい偶発と巡り合うための初めの計画的な取り組みである。

次の計画的な取り組みとして、実務につながりそうなところへ身を置いてみようと決めた。そこで、東京都中小企業診断士協会中央支部（以下、中央支部）に入部し、そこで提供されるマスターコースや研究会への入会を検討した。入会先には、①歴史と実績があり参加人数が多いこと、②2 年目以降の活動につながること、③実践につながることをポイントに選んだ。中央支部は日本一の会員数を誇り、開催されるマスターコースの数も多く、最適な選択肢だった（図表 6-5-1）。

（3）Web での仕事への出合い

入会したマスターコースで、「何でも相談に乗るよ」と声をかけてくださった先輩がいた。企業内診断士だったため、平日の診断士活動が難しかった私の事情を知り、Web でできる仕事を教えてくださった。また、所属の会社が副業禁止だったことに対しても、「資格維持のためといって人事部に相談するといい」とアドバイスをいただいた。アドバイスの通り会社と交渉したところ、了解を取りつけることに成功した。こうした先輩との偶発的な出会いに導かれ、診断士活動の一歩を踏むことができた。

図表 6-5-1　東京協会中央支部認定マスターコース

マスターコース名
ものづくりプロコン養成コース
TKK マンダラ法マスターコース
目標必達のコンサルティングマスターコース
国際会計と財務戦略マスターコース
経営革新のコンサルティング・アプローチマスターコース
プロ講師養成講座マスターコース
稼げる！ プロコン育成塾マスターコース
「夢をカナエル」プロコン養成マスターコース
女性のビジネス支援マスターコース
ファッションビジネス・リデザイン支援マスターコース
経営革新プロジェクトマネージャ養成マスターコース
アグリビジネス経営支援研究会マスターコース
売れる！ 人気プロ研修講師・コンサルタント養成講座マスターコース
みんなのプロコン塾〜活躍する診断士の王道、テオリア・メソッド！ マスターコース
企業内診断士次世代リーダー養成マスターコース
経営コンサルタント養成塾マスターコース
事業承継支援専門家養成講座マスターコース
東京プレゼン塾マスターコース
pwmc パラレルワークマスターコース
シナリオプランナー養成コース

出典：東京都中小診断士協会ホームページ

　早速始めてみた Web での仕事は、初めてでわからないことだらけだった。マニュアルはあるものの、なかなか要領を得られなかった。そんな中、先輩から細かな手ほどきを受け、何とか仕事を遂行することができた。会社の仕事であれば、総務や業務、上司やアシスタントなどいろいろな方からのサポートがあり、新しい業務でも困ったことはなかったが、1 人で仕事をするということを実感した。相談に乗っていただける先輩は、大切にしなければならない。

（4）中小企業診断士の仕事

　中小企業診断士の仕事は、ネット検索してもなかなかその全容をつかむことができない。守秘義務が伴う仕事ばかりのため、表立った募集や体験記事にはなり

にくいためだ。コンサルタントとして企業にかかわる場合、その企業との間には当然、守秘義務が伴う。また、行政の企業相談窓口対応や専門家派遣業務、補助金や助成金の交付にまつわる事務局の仕事や申請書類の審査といった仕事も同様である。

こういった仕事に巡り合うには、自然と人づてでの紹介が中心になる。人脈を広げ、自分を覚えていただくことで、仕事のチャンスへの偶発的な出合いが増えるよう、計画的に網を張っておくことが重要なのである。

(5) セミナー講師への出合い

セミナー講師という仕事にも出合い、挑戦をした。入会したマスターコースのご縁で出場した講師オーディションで準優勝し、その副賞として、単独セミナー登壇のチャンスをいただいた。中央支部主催の有料セミナーで、お金をいただいての講師登壇は初めての経験だった。

受講者は知人が中心だったが、50名を超えていた。コロナ禍のため、会場での参加者は5名のみ。そのほかは、Webでの参加者だった。67枚のパワーポイ

ミートアップセミナーのチラシと講師登壇の様子

ントを用意し、3回のグループディスカッションを組み入れ、90分の構成とした。チラシの作成から、Facebookでの広告、配付資料の作成と、初めてのことばかりだった。トークスクリプトを書き出し、予行演習も行った。その甲斐があり、好評のうちにセミナーを終えることができた。

　セミナー終了後、受講者の方から、自分の会社でもセミナーをやってほしいとのご依頼をいただいた。民間企業からの初めての直接依頼であった。偶発的な出合いに導かれ、新たな道が切り開けた。

（6）執筆活動への出合い

　当書の著者で、研究会の指導者でもある小林勇治から、『フレッシュ中小企業診断士による合格・資格活用の秘訣Ⅲ』の執筆者募集のお話をいただいた。私は作文が大の苦手で、執筆にはまったく興味がなかったのだが、「執筆に参加したい人、はいっ、手を挙げて」という小林先生の激に釣られ、思わず手を挙げた。日頃から、「勝利の女神には前髪しかない」とご指導いただいていた成果というほかはない。

『フレッシュ中小企業診断士による合格・資格活用の秘訣Ⅲ』
の表紙（左）と執筆者紹介のページ（右）

申し込み当初は、無事やり切れるのか不安でいっぱいだったが、今では参加させていただいて本当によかったと感じている。書き上げた本には、顔写真付きで執筆者紹介を掲載していただいた。勤務先の近くの大型書店で自分の執筆した本が並んでいるのを発見したときは、思わず記念写真を撮った。

（7）企業フォローアップへの出合い

　参加していた研究会では、企業フォローアップの仕事を斡旋していただいた。この研究会は、東京都から委託を受け、経営革新計画事業で採択された企業へのフォローアップを実施している。私はそこに参加することで、経営者の相談にあたるチャンスをいただいたのである。

　研究会で、訪問する際の注意点やフォローアップ業務の要点を教わった。そして、サブ担当として先輩診断士の方に同行し、OJT で勉強した。サブ担当を3回経験するとメイン担当ができる仕組みで、私のような実務を目指す新人診断士には最適な研究会である。

　実際のフォローアップ訪問では、さまざまな業種の経営者の方とお話しする貴重な機会を得た。また、東京都が発行する事例集の執筆にも参加した。直接、経営者から業界の状況や会社の困りごとをうかがうのは、座学とは異なり刺激的な体験だった。

（8）出合いで開ける診断士の道

　まったくのノープランでスタートした診断士活動だったが、さまざまな偶発性に導かれ、充実した1年を過ごすことができた。経験がなかった Web 業務や思いがけないセミナー講師登壇、突然の執筆経験、サブ担当としての企業フォローアップと、幅広い活動ができた。

　2年目の今年は、業界動向に関する執筆に参加している。また、新しいご縁から、将来の活動場所として目標にしていた島根県での企業支援活動にも参加できた。すべて、偶発的なチャンスの賜物である。

執筆参加した令和3年度東京都経営革新計画事例集

　現在の自分が知っていることなど、たかが知れている。これから学ぶことや、偶発的に出会う人々が新しいヒントをくれ、どんどん道が開けていくのである。そして、計画的に好奇心や持続性、楽観性、柔軟性、冒険心を高めておくことでもっとよい偶発を呼び込むことができるのである。

　クランボルツ教授の計画的偶発性理論は、自分自身の実体験から深く感銘を受けている。これからも計画的に勉強に努め、人に出会い、仕事に出合い、挑戦を続けたい。そして、そこから訪れるだろう偶発がどんな素晴らしい未来に導いてくれるのか期待してやまない。

第7章

アンケート調査からみる
フレッシュ診断士の実像

フレッシュ診断士の
資格取得の動機と資格活用法

（1）フレッシュ診断士へのアンケート調査

　東京都中小企業診断士協会中央支部の「フレッシュ診断士研究会」（以下、フレ研）に所属する会員を対象にオンラインアンケートを実施し、33名から回答を得ることができた。その結果を分析し、資格取得の動機や資格活用などについて明らかにしていく。

（2）フレッシュ診断士の年齢層と診断士活動歴

　はじめに、アンケートに回答したフレッシュ診断士が、どのような人たちなのかを確認する。

　年齢は、45歳から64歳までのいわゆる中年が67％と最も多く、25歳から44歳までの壮年を含めると、97％が働き盛りの年齢で占められている（**図表 7-1-1**）。

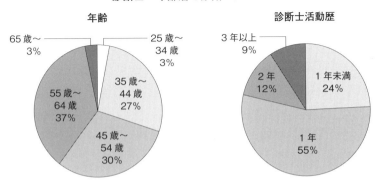

図表 7-1-1　アンケートに回答したフレッシュ
診断士の年齢層と診断士活動歴

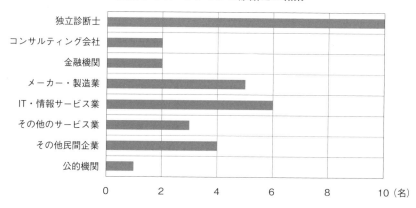

図表7-1-2　フレッシュ診断士の職業

活動歴は約8割が2年未満で、経験の少ない診断士たちであることがわかる。約半数が活動歴1年を経過しているのは、診断士活動1年目に、フレ研の評判を聞いて集った仲間が多いためだ。

フレ研には30年を超える歴史と1,400名を超える卒業生がおり、卒業生の中からは、中小企業診断協会の会長を含め多くの幹部を輩出した。2022年には、参議院議員まで輩出している。

卒業生の多くは、ナビゲーターの小林先生から得たものを、新しく診断士になった方々にも体験してほしいと思い、積極的に入会をすすめている。この本を読んでいる方にもぜひ、入会を検討していただきたい。入会すれば、診断士としての世界が大きく開けるに違いないと確信している。

次は、フレッシュ診断士たちの職業についてみてみる。診断士として活動した年数が少ない集まりであるにもかかわらず、独立診断士が10名と約30%を占めている。そして、IT・情報サービス業、メーカー・製造業と続いている（**図表7-1-2**）。

IT・情報サービス業が独立診断士以外で最も多いのは、クライアントにシステム等の導入を行うときに、コンサルティングスキルや経営に対する幅広い知識

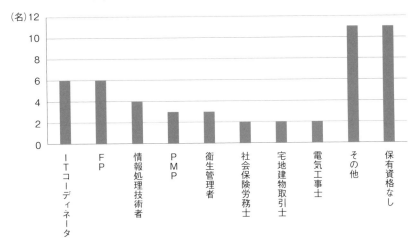

図表 7-1-3　フレッシュ診断士が保有する資格

が必要になることが多いためだと思われる。

　保有する資格は、IT コーディネータとファイナンシャルプランナー（FP）が 6 名ずつで 18%、情報処理技術者が 4 名で 12%、プロジェクトマネジメント・プロフェッショナル（PMP）が 3 名で 9% いた。一方で、診断士以外の資格を保有していない方が 11 名いた（**図表 7-1-3**）。その他には、1 級建築士や IT ストラテジスト、薬剤師、プロジェクトマネジメント・スペシャリストといった難関資格の所有者もいる。米国公認会計士という国際ビジネス資格の中でも最高峰といわれる資格を持つフレッシュ診断士もいた。

　令和 3 年に中小企業診断協会が実施したアンケートでは、保有する資格は上位から FP が 21.7%、情報処理技術者が 17.6%、販売士が 10% となっており、IT コーディネータは 7.7% となっている。比較すると、IT に関連する資格を保持するフレッシュ診断士の比率が高いことが読み取れる。

（3）フレッシュ診断士の資格取得の動機と勉強法

①フレッシュ診断士の資格取得の動機

次に、フレッシュ診断士の資格取得の動機をみていく（図表7-1-4）。

回答が一番多かったのは、「スキルアップを図りたい」である。中小企業診断士は、経営に関する知識を全般的に得られる。企業内でも独立していてもその知識を活用することができることから、資格取得によりスキルアップが達成されると考えた方が多いのだと思われる。

動機が「独立したい」という回答が17名、「定年後に活用したい」という回答が12名で、企業などの組織から離れて仕事をしたいというニーズが高いこともうかがえる。国の施策もあり、企業が人手不足解消のために高齢者を活用することが潮流になっている。しかし、それ以外の道を模索したいという思いが表れているのだろう。

今回のアンケートでは、今、流行りの副業が動機という回答は7名と少なくはないが、多くもない数になった。副業は資格取得の動機というより、資格取得で

図表7-1-4　フレッシュ診断士が資格取得を目指した動機

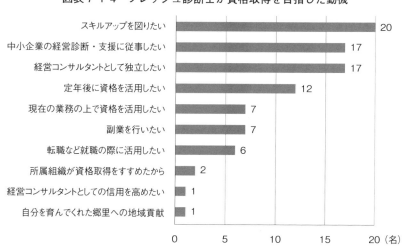

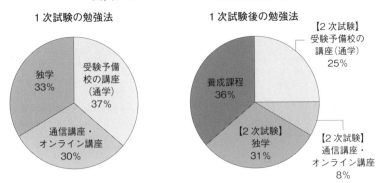

図表 7-1-5　フレッシュ診断士の勉強法

1 次試験の勉強法

- 独学 33%
- 受験予備校の講座（通学）37%
- 通信講座・オンライン講座 30%

1 次試験後の勉強法

- 【2 次試験】受験予備校の講座（通学）25%
- 養成課程 36%
- 【2 次試験】独学 31%
- 【2 次試験】通信講座・オンライン講座 8%

得られる副次的な効果ということだろうか。

　ほかには、「自分を育んでくれた郷里への地域貢献」という思いから資格取得を志したフレッシュ診断士もいる。

②フレッシュ診断士の勉強法

　続いて、本書でも述べられているが、フレッシュ診断士が資格試験に向き合い、資格を取得した方法について、データから考えてみたい。まずは、1 次試験と 2 次試験の勉強をどのように行ったのかをみてみよう（図表 7-1-5）。

　1 次試験については、受験予備校、通信講座、独学でほぼ 3 等分された。1 次試験は独学で対応可能と耳にすることも多いのだが、意外と少なかった。基礎になる理論を、講義を通してしっかり学びたいと考えたフレッシュ診断士が多いことがわかる。この傾向は、診断士になってからもフレ研で学びたいという意識の高い診断士の集まりだからであろうか。

　1 次試験後は、養成課程で学んだ方が 36% と最多となった。これは、2022 年に発刊された『フレッシュ中小企業診断士による合格・資格活用の秘訣Ⅲ』と、ほぼ同様の数字であった。診断士は 1 次試験、2 次試験を通じての合格率が約 4% の難関資格である。登録養成機関が多い首都圏などに在住で、時間とお金（序章でも触れているように、200 万円以上かかるところも珍しくない）があれば

図表 7-1-6 フレッシュ診断士の受験回数

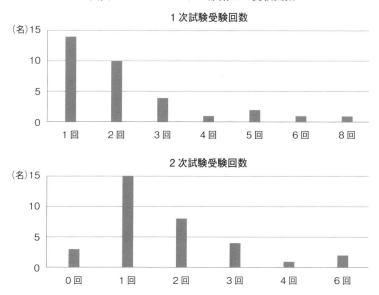

1次試験受験回数

2次試験受験回数

ハードルが下げられるかもしれない。ただし、勤め人には、時間を確保することが非常に難しい。私も、この都合がつかずに養成課程の受講をあきらめた。

次に、1次試験と2次試験の受験回数をみてみる（図表7-1-6）。

この図表には表れていないが、アンケート結果から、1次試験1回、2次試験0～1回受験のストレート合格者の割合は27%であった。最初から養成課程を選択した方はそのうちの1名で、9割以上の方が一度は2次試験に挑戦している。受験回数は、3回以上受験した方が1次試験については9名（最多は8回）、2次試験については7名（最多は6回）と、何度も試験に挑戦した方がいることがわかる。

本書には、一発合格した方や戦略的に効率よく勉強して合格した方の成功談が多く掲載されている。この本を手に取った方は、フレッシュ診断士はそのような方の集まりかと思われるかもしれない。しかし、なかには、大変苦労しながらあ

きらめずに挑戦を続けて、資格を勝ち取った方も多くいることがわかる。そういった方の体験談も、雑誌や受験支援のホームページなどに掲載されることがあるので、あきらめずに挑戦を続けている方には参考になるかもしれない。

（4）資格活用のいろいろ
①診断士資格を活用した独立願望

フレッシュ診断士は、取得した資格をどのように活用しようとしているのだろうか。そこでまず、企業内で活動するフレッシュ診断士の資格を活用した独立願望をみてみる（図表7-1-7）。

8割以上のフレッシュ診断士が、将来の独立を考えている。独立は診断士資格を取得した者にとっては夢の1つだ。

私はあまり深く考えずに、26年在籍した会社を飛び出してしまったが、同じように飛び出して苦労している方の話も聞く。本来は、いろいろな先達の意見を聞いて慎重に準備した方がいいのかもしれない。独立するかどうか悩んでいるうちは独立しない方がいいという意見を、先輩診断士から聞くこともある。

図表7-1-7　企業内診断士の独立願望

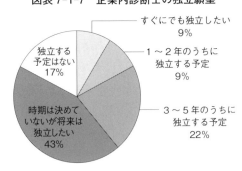

すぐにでも独立したい
9%

1〜2年のうちに
独立する予定
9%

3〜5年のうちに
独立する予定
22%

時期は決めて
いないが将来は
独立したい
43%

独立する
予定はない
17%

図表 7-1-8　企業内診断士の資格活用状況

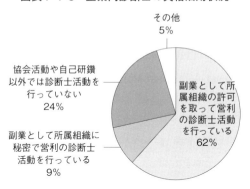

協会活動や自己研鑽
以外では診断士活動を
行っていない
24%

副業として所属組織に
秘密で営利の診断士
活動を行っている
9%

その他
5%

副業として所属組織の許可を取って営利の診断士活動を行っている
62%

②企業内で活動するフレッシュ診断士の資格活用状況

　次に、企業内で活動するフレッシュ診断士が、具体的にどのように資格を活用しているのかをみてみる（図表 7-1-8）。

　7 割以上が、副業として営利の診断士活動を行っている。会社に秘密で副業をしているフレッシュ診断士の中には、発覚したときのために総務に根回しをしているというしたたかな方もいるようだ。

③仕事をどのように得ているか

　独立診断士と企業内診断士を合わせて、フレッシュ診断士が仕事をどのように得ているのかみてみる（図表 7-1-9）。

　一番多いのが「人からの紹介」で、回答数は 21 名であった。研究会やマスターコース（プロコン塾）へ参加したメリットとして、人脈ができたことをあげるフレッシュ診断士は多い。診断士のスタートアップ時には、人とのつながりが仕事の受注につながっていることが読み取れる。

　次に多かったのが、「診断士協会からの紹介や公募」である。診断士協会における部会などでの活動は直接、収入にはつながらないが、地道に協力することで人脈が広がるとともに信頼を得ることができるため、仕事の獲得につながりやすい。

図表 7-1-9　仕事をとれたきっかけ

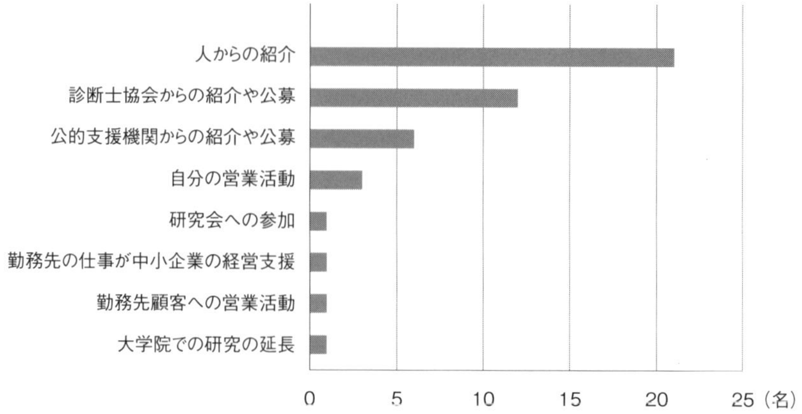

④自己啓発

　診断士の資格を取得して感じるのは、資格取得後も学び、成長し続けないと、活動していけないということである。そのため、多くの診断士が自分に投資して、さらに磨きをかけている。診断士協会に入会して、さまざまな研究会やマスターコースに入るのもその一環である。研究会は、特定のテーマのもとに診断士が集い、研究・研鑽する場である。マスターコースは、将来、独立することを目指す若手診断士に、プロコンサルタントとしてのノウハウを伝授してくれる講座である。

　では、フレッシュ診断士は自己研鑽にどれぐらいの資金を投入しているのかをみてみよう（図表 7-1-10）。

　自己研鑽に投じた額、最高はなんと 150 万円。割合では 10 万円以上 20 万円未満が一番多いが、30 万円以上が 54% と、自己研鑽の意欲は非常に高い。投資先では、先に述べた研究会やマスターコースが多い。ほかには、資格取得のために投資するフレッシュ診断士が多い。

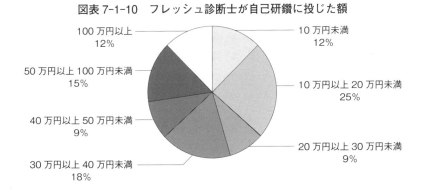

図表 7-1-10　フレッシュ診断士が自己研鑽に投じた額

100 万円以上
12%

10 万円未満
12%

50 万円以上 100 万円未満
15%

10 万円以上 20 万円未満
25%

40 万円以上 50 万円未満
9%

20 万円以上 30 万円未満
9%

30 万円以上 40 万円未満
18%

（5）どのような診断士になりたいか

　最後に、フレッシュ診断士は、資格の活用を通じ、どのような中小企業診断士になりたいと思っているのだろうか。

　今回のフレッシュ診断士からの回答では、「稼げる診断士になりたい」、「中小企業の発展に寄与したい」、「診断士活動を通して社会に貢献したい」の３つに大別できた。以下に、代表的な意見をいくつか紹介させていただく。フレッシュ診断士の熱い思いが伝わるだろうか。

　「中小企業診断士として、自分にできる何らかの形で社会に貢献したい」

　「何より自分が満足できて、幸せを感じられる診断士になりたい」

　「地味な仕事でも着実に行い、感謝される診断士になりたい」

　「中小企業の経営者の気持ちに寄り添い、伴走型の支援ができる診断士になりたい」

　「企業、社員の皆さまの役に立ちつつ、稼げる診断士になりたい」

ミーコッシュ手法による
年収予測

（1）中小企業診断士としての要素整備度を知る

　ここからは、2022 年度フレッシュ診断士研究会のメンバー 96 名のうち、40 名にアンケートを行い、ミーコッシュ手法を用いて分析・集計した結果をご紹介する（**図表 7-2-1** には 18 名分しか表示されていないが、実際は 40 名の集計をしている）。ミーコッシュ手法の説明をしつつ、フレッシュ診断士たちの年収予測をしてみたい。

　ミーコッシュ手法では、以下のような項目別にインタビューを行い、評価点をつけていく。評価点の基準は、**図表 7-2-2** のようになる。

①マインドウェア（あり方・考え方）

・サラリーマン時代の過去の清算：指示待ち人間から能動的な人間への変化がなされているか

・成功への情熱：コンサルタントとしての責任感と、困難を乗り越え業務遂行しようとする情熱を持っているか

・成功への生き様（理念）：このビジネスを通じて、どうやって社会に貢献するのかという志を持っているか

・指南役としての行動基準：診断士として守るべき行動基準を心得ているか

・戦略ビジョン：自分が成功点に到達する戦略をイメージしているか

②ヒューマンウェア（やり方・スキル）

・技術：開発、生産、物流、販売、情報、財務技術に関する知見を持っているか

・手法：DD（デューデリジェンス：調査）、ソリューション（問題解決案の提示）、運用（問題解決案の運用）、出口（問題点・課題点の解決）についての手法を身につけているか

図表 7-2-1　フレッシュ診断士の要素整備度

ミーコッシュ年収3,000万円可能性整備度分析（Ver.6）アンケート結果　（2022.12.4）

バリュー（大項目）	バリュー（中項目）	平均	1	2	3	4	5	6	7	8	9	10	11	12	13	14	15	16	17	18
1.あり方・考え方（マインドウェア）	サラリーマン時代の過去の清算	11.6	20	4	16	12	8	8	4	16	12	4	16	12	12	16	12	16	8	4
	成功への情熱	11.1	12	4	16	8	12	12	8	4	16	12	8	16	12	16	16	8	8	8
	成功への生き様（理念）	13.8	16	8	20	16	12	16	8	16	16	4	20	20	16	16	16	16	16	8
	指南役としての行動基準	13.2	16	8	12	12	8	16	8	16	16	8	4	8	4	8	20	16	8	8
	戦略ビジョン	10.7	16	8	16	12	8	4	4	20	12	12	8	8	12	8	12	8	8	4
2.やり方・スキル（ヒューマンウェア）	技術（開発・生産・物流・販売・情報・財務管理）	9.9	12	8	20	12	8	4	4	4	12	8	12	4	12	12	12	12	8	8
	手法（DD、ソリューション、運用、出口）	10.4	12	12	16	8	12	8	8	4	12	16	4	12	20	8	12	12	12	8
	指南役スキル	9.7	8	8	16	8	12	8	8	8	12	16	16	8	8	8	16	12	8	8
	研修講義手法	9.1	8	4	8	4	8	4	8	4	12	12	16	16	4	12	8	12	8	12
	調査執筆手法	11.0	4	4	4	20	8	12	12	8	16	12	16	16	4	16	8	16	8	8
3.ルール（約束・掟）（コミュニケーションウェア）	指南役としての掟	12.1	4	8	16	12	8	16	8	16	16	8	16	16	16	16	16	12	8	4
	指南役の立場からの掟	13.6	8	8	16	4	16	16	12	8	16	20	16	16	16	16	16	16	8	8
	ビジネスメール10の掟	15.9	20	16	20	16	12	16	16	12	8	20	20	12	20	12	20	16	8	8
	ファシリテーションルール	8.9	12	4	12	4	4	8	8	4	4	12	8	16	8	8	16	8	4	4
	コーチングルール	11.7	8	12	20	12	12	8	12	8	16	12	20	16	12	8	8	8	8	4
4.知的財産権（ソフトウェア）	調査プログラム	12.3	16	12	16	12	8	8	8	16	8	12	16	16	16	16	12	16	12	4
	執筆プログラム	10.7	8	8	12	12	12	12	8	12	8	8	16	16	8	12	16	16	8	4
	研修プログラム	8.0	4	4	8	8	4	8	8	16	4	8	12	16	4	8	12	8	8	4
	講演プログラム	7.8	4	4	8	8	4	4	8	16	8	8	8	12	4	8	8	8	8	4
	実務支援プログラム	8.2	8	4	8	4	8	8	12	16	8	8	16	16	8	12	8	16	8	4
5.体力・環境（ハードウェア）	体力（健康）	14.5	16	8	16	20	16	12	12	12	8	12	20	20	16	16	20	12	12	12
	事務所の立地環境	7.6	4	4	8	4	8	8	8	4	20	20	4	8	8	16	8	8	4	8
	コンサルタントの7つの道具	10.4	16	12	12	4	12	8	4	4	8	8	12	12	8	8	16	12	8	8
	住まいの立地環境	12.1	8	8	4	4	12	16	12	16	16	8	16	16	20	16	8	16	12	12
	協力者間の環境	7.9	8	4	16	4	16	4	12	4	16	12	4	12	8	16	8	4	8	8
1.マインドウェア　小計		56.2	76	32	80	60	56	56	32	80	64	36	80	64	44	68	56	80	56	32
2.ヒューマンウェア　小計		46.6	44	36	64	52	48	36	40	36	60	68	64	64	36	60	56	64	40	32
3.コミュニケーションウェア　小計		57.9	64	56	84	40	60	56	56	56	40	72	80	56	72	72	68	44	44	24
4.ソフトウェア　小計		43.7	52	40	60	44	36	44	44	76	36	44	68	76	40	56	60	64	44	24
5.ハードウェア　小計		48.8	60	40	56	32	56	44	48	40	56	60	68	56	44	48	40	56	40	32
合計（500満点）		253.2	296	204	348	228	256	236	220	320	276	208	368	356	244	316	296	340	228	152
年収ランク※		D	D	D	C	D	D	D	D	C	D	D	C	C	D	C	D	C	D	E

※年収ランク　A＝3,000万円以上　B＝2,000～3,000万円　C＝1,000～2,000万円　D＝500～1,000万円　E＝～500万円

・指南役スキル：経営者に対する説得力等を持っているか

・研修・講演手法：研修・講演の進め方を習得しているか

・調査・執筆手法：市場調査・分析や執筆の進め方をマスターしているか

図表 7-2-2　ミーコッシュ評価表と評価点による年収予測

レベル（ランク）	項目評価の基準	点数	合計点	年収の目安
1（E）	評価項目に気付いていないし、努力もされていない	4	～199	～500万円
2（D）	評価項目に気付いているが、努力していない	8	200～299	500～1,000
3（C）	評価項目の改善の計画はされているが、一部しか努力していない	12	300～399	1,000～2,000
4（B）	評価項目の改善の計画はされているが、実行途中である	16	400～449	2,000～3,000
5（A）	評価項目の改善の計画がされ、実現されている	20	450～500	3,000万円～

③コミュニケーションウェア（約束事や掟）

・指南役としての掟：秘密を守る、社員の前で叱責しない、事前相談・事後報告を怠らない等、相手を指南する上でのルールを守っているか

・指南役の立場からの掟：相談相手に対する礼儀作法や社会人としてのルール、約束事等をわきまえているか

・ビジネスメール10の掟：メールには必ず返信する、CC・BCCの使い分け、メール件名は的確にする（件名は「お知らせ」や「ご案内」ではダメである）など、ビジネスメールの送受信に関するルールを身につけているか

・ファシリテーションルール：ファシリテーションの手法を体得しているか

・コーチングルール：コーチングのスキルを実務で応用できるか

④ソフトウェア（知的財産権）

・調査プログラム：民間企業の出店市場調査、マクロによるマーケット調査、特殊な業界における調査等が行えるか

・執筆プログラム：執筆の企画・立案、執筆要領の作成、出版社とのコンタクト、メンバー集め（共同執筆の場合）、校正等のノウハウを持っているか

・研修プログラム：研修企画の立案、研修前の整備度調査、研修の実施、研修後の能力向上評価、次回の研修提案等について、ノウハウを持っているか

・講演プログラム：講演企画、講演アプローチ、講演実施、アフターフォロー等が行えるか

・実施支援プログラム：コンサルティングの実務支援ノウハウを習得しているか

⑤ハードウェア（体力・環境）

・体力（健康）：不規則な生活や運動不足、睡眠不足などで健康を害していないか（「健全なる精神は健全なる身体に宿る」と言われるように、コンサルタントは、常に健康でなければならない）

・事務所の立地環境：それぞれの立場によって異なってくるが、事務所にはある程度立地の良いところが求められる（筆者の経験では、立地の良い場所に事務所を構えた後の報酬は格段に増えた）

・コンサルタントの7つの道具：パソコン・スマホ・スケジュール表・レーザーポインター・筆記用具・印鑑・テンプレート等を持ち、使いこなせるか

・住まいの立地環境：自宅の立地環境は良好か（当初は自宅で開業すべきだと思うが、事務所を持った場合、なるべく自宅との距離は近くした方が良い）

・協力者間の環境：協力者の事務所が近くにあるか、協力者との関係は良好か、協力者のステータスはどうか

（2）要素別のデータ収集と集計

　フレッシュ診断士たちの5つの大項目の評価を集計すると、**図表 7-2-3**、**7-2-4** のようになる。

（3）要素整備度からみる年収の予測

　図表 7-2-2 をもとにフレッシュ診断士たちの年収を予測・集計すると、**図表 7-2-5** のようになる。

図表 7-2-3　要素整備度別評価

大項目	平均	最高点	最低点
1.　マインドウェア	55.4	84	15
2.　ヒューマンウェア	45.6	72	11
3.　コミュニケーションウェア	57.3	84	16
4.　ソフトウェア	46.4	80	13
5.　ハードウェア	51.5	88	13
合計	256.2	364	71
年収ランク	D	C	E

図表 7-2-4　要素整備度別チャート（大項目別集計）

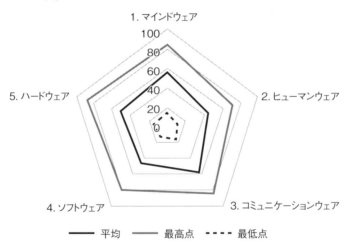

（4）年収のランク別からの分析

　年収予測の内訳は、A ランク（3,000 万円以上）が 0 %、B ランク（2,000 万円
以上 3,000 万円未満）が 2.5%、C ランク（1,000 万円以上 2,000 万円未満）が
30.0%、D ランク（500 万円以上 1,000 万円未満）が 60.0% と一番多く、C ランク
と D ランクに集中しており、E ランク（500 万円未満）は 7.5% となった。

図表 7-2-5　年収ランク別集計人数と比率

年収ランク	人数	比率（%）
A　3,000 万円〜	0	0
B　2,000〜3,000 万円	1	2.5
C　1,000〜2,000 万円	12	30.0
D　500〜1,000 万円	24	60.0
E　〜500 万円	3	7.5
合　計	40	100

（5）今後の課題

　フレッシュ診断士は、まだ、診断士試験に合格して間もない段階なので、これから実務経験を積むことによって、要素整備度を高めることができる。今後、あらゆる研究会での研修や実務従事の機会をとらえて実務能力を高めていけば、年収 3,000 万円への道が開けてこよう。

執筆者略歴

《編著者》

小林勇治（こばやしゆうじ）（はじめに、第7章—2担当）
明治大学専門職大学院グローバルビジネス研究科修了（MBA）、中小企業診断士、ITコーディネータ。日本NCR(株)に17年勤務後、IT経営革新コンサルとして独立。2004年から2017年まで早稲田大学大学院ビジネス情報アカデミーCIOコース講師、(株)ミーコッシュ経営研究所所長、元（一社）中小企業診断協会副会長、（一社）日本事業再生士協会理事、2010年から2017年まで東京都経営革新優秀賞審査委員長、日本で一番大切にしたい会社大賞審査員、著書・編著書『中小企業の正しいIT構築の進め方』（同友館）ほか166冊。

《著者》

澤田大成（さわだひろあき）（序章担当）
新潟県出身。埼玉大学大学院理工学研究科を修了後、電子部品メーカーに入社。電子機器構成部品の材料開発業務を4年半経験し、転職。現在は(株)本田技術研究所に所属。次世代商品向け要素技術の研究開発担当を経て、組織内部の管理系業務を担っている。東洋大学大学院経営学研究科を2022年に修了（MBA取得）、同年6月、中小企業診断士登録。ほかに修士（工学）、衛生工学衛生管理者など。

山村真司（やまむらしんじ）（第1章—1担当）
東京大学大学院修了。(株)日建設計にて18年間、建築環境設備設計に従事。同総合研究所に移籍後、建築・都市開発の計画・事業支援コンサルタントおよび役員として、国内外の都市開発に従事。中小企業では、不動産会社の事業戦略策定やメーカーの商品開発・技術開発などサポート。中小企業診断士、博士（工学）、技術士、国土交通省認定都市プランナーほか。著書『スマートシティはどうつくる』（工作舎）ほか。

中村慎吾（なかむらしんご）（第1章—2担当）
東京理科大学理工学部卒業、大学在学中に起業した経験を持つ。29歳で事業譲渡したのち、Fintech系アプリベンチャー企業の立ち上げに参画し、法人営業を担当。大手共通ポイント事業者の管理職を経て、現在は(株)NTTドコモで会員基盤を活用したマーケティング業務に従事。2022年5月、中小企業診断士登録（東京協会中央支部所属）。

石田信一郎（いしだしんいちろう）（第1章—3担当）

千葉県出身。明治大学農学部農芸化学科卒業。カゴメ(株)に入社し、農産原料の調達に従事。農業者の生産現場を支えるフィールドマンとして活動。その後、農事業の新規立ち上げに参画。企業の農業参入と運営、青果の生産調達から販売まで、幅広く携わる。現在、会社分割して農事業を担うカゴメアグリフレッシュ(株)で生産調達部門を担当。2022年、中小企業診断士登録。

渡邉浩樹（わたなべひろき）（第1章—4担当）

静岡薬科大学大学院修士課程修了。中外製薬(株)で研究、営業、プロダクトマネージャー、財務コントローラー、総経理などの職種を歴任し、OTC製品のマーケティング、管理会計（利益計画、移転価格、企業価値、R&D生産性）などに従事。現在、(株)グローヴァで経営管理を担当。2022年11月、中小企業診断士登録（東京協会中央支部所属）、薬剤師、販売士。

竹原広機（たけはらひろき）（第1章—5担当）

千葉県出身。北海道大学工学部電子工学科卒業。(株)アルメックス入社後、ホテルや病院などの自動精算機、決済やVODシステムの開発、データセンター、クラウドなどのシステム管理など、幅広いIT分野に携わる。現在は、取締役常務執行役員本部長として、経営面のボランチとなり攻守に奔走する。中小企業診断士、情報処理安全確保支援士、ITコーディネータ、PMP、各種IPA情報処理技術者。

赤塚一輝（あかつかかずてる）（第2章—1担当）

愛知県一宮市出身。和歌山大学経済学部卒業。製造業一筋20年、紙を扱い17年。現在は、紙袋を中心に包装資材を扱う王子アドバ(株)で、経営企画室と仕入グループ（仕入先管理、品質管理、デザイン業務）のマネージャー職を兼務。2021年1月に中小企業診断士試験合格。

大嶋亨一（おおしまきょういち）（第2章—2担当）

東洋大学大学院経営学研究科卒業。紙卸商社、輸入建材商社を経て東海ソフト(株)に入社。採用、研修業務、5S活動などを通じた労働環境整備、ISO9001、27001取得維持推進など、幅広い分野に従事した。2022年、独立開業。中小企業診断士、社会保険労務士、2級キャリアコンサルティング技能士、MBA（経営学修士）など。東京都中小企業診断士協会中央支部2022年講師オーディション優勝。

森嶋　洋（もりしまひろし）（第2章—3担当）
早稲田大学理工学部機械工学科卒業、ソニー(株)所属。大手通信キャリアでの研究開発や国際事業、ソニー(株)での製品開発や海外顧客の技術コンサルタントなどを経て、現在はスマートフォン向け各種サービスのプロジェクトに携わる。IT（技術）およびビジネス（経営）の観点から経営者の相談拠りどころを目指す。中小企業診断士、第1級陸上無線技術士、プロジェクトマネージャ、その他、技術系資格多数。

入江麻美（いりえあさみ）（第2章—4担当）
慶応義塾大学文学部卒業。住友商事(株)に12年勤務。金属事業部門に所属し、貿易実務に6年携わり、その後、企画部にて戦略・予算策定、および事業会社管理に従事している。令和4年度中小企業診断士試験に合格し、同年6月に診断士登録。現在は、企業内診断士として活動している。

南　良典（みなみよしのり）（第2章—5担当）
大阪府貝塚市出身。近畿大学法学部卒業。(株)リクルートに22年、鳥貴族FC企業に11年勤務後、妻とともに中小企業診断士試験に挑み、2021年、資格取得後に独立。人材採用支援、組織構築支援、販売促進支援などで関西の中小企業経営にかかわる。妻は企業内診断士として東京で活動中。

藤川　豊（ふじかわゆたか）（第3章—1担当）
関西学院大学経済学部卒業後、日本電信電話(株)に入社。法人営業、マルチメディア事業推進等を経て、NTTレゾナント(株)で、インターネットサービス開発、新規事業立ち上げ、関連会社への増資施策等を推進。現在は、NTTレゾナントのBtoB事業の経営企画を担当。中小企業診断士（東京都中小企業診断士協会中央支部所属）。

服部純大（はっとりすみひろ）（第3章—2担当）
2017年、大阪芸術大学卒業。同年、民間コンサルティング会社に就職。会計、働き方改革、新卒採用分野のコンサルティングに従事。その後、税理士法人に転職し、会計・税務知識を深める。現在は独立し、会計コンサルティング、補助金申請等の支援を行う。中小企業診断士。

永田あゆみ（ながたあゆみ）（第3章—3担当）
日本大学法学部新聞学科卒業。（株）西武百貨店（現・（株）そごう・西武）に入社。西武池袋本店での接客販売や販売促進を経て、本部でPBや売場開発に携わり、直近はそごう千葉店の部長職ほか約9年間のテナント管理業務を経験。IFI国内留学やセブン＆アイ・ホールディングス「山本経営塾」を受講し、ファッション産業や経営学を学ぶ。中小企業診断士。

佐野紳也（さのしんや）（第3章—4担当）
1978年、慶應義塾大学経済学部卒業、（株）三菱総合研究所入社。消費、IT分野の調査、コンサルティングに従事。2021年、再雇用期間終了で退職、佐野総研を設立し独立。中小企業診断士、情報処理技術者（システムアナリスト）、ITコーディネータ、事業承継士。著書『これからの人材の条件：企業が求める技能、産業に役立つ能力はこう変わる』（日本実業出版社）、『コンピューター』（日本経済新聞出版）、『質的選択分析―理論と応用』（三菱経済研究所）、ほか。

松尾啓子（まつおけいこ）（第4章—1担当）
立命館大学産業社会学部卒業後、広告代理店を経て、（株）世界文化社（現・（株）世界文化ホールディングス）にて秘書・営業・管理部門に従事。法政大学経営大学院イノベーション・マネジメント研究科修了後の2022年5月、中小企業診断士登録し、独立開業。現在、公的機関において専門家として診断士業務に従事。中小企業診断士、ITコーディネータ、秘書検定1級、MBA（経営管理修士）。

曽山　勝（そやままさる）（第4章—2担当）
上智大学文学部フランス文学科卒業。千葉商科大学大学院商学研究科修士課程修了。1984年に（株）ニコン入社。オランダ、フランスの現地法人に通算6年半駐在、アジア各国出張多数。現在は開発部門にて、予算作成、業務フローのシステム化等に従事。中小企業診断士、（一社）日本ソムリエ協会認定ワインエキスパート。

伊藤英幸（いとうひでゆき）（第5章—1担当）
上智大学文学部英文学科卒業。東海銀行（現・三菱UFJ銀行）、米格付機関ムーディーズ、国内外の金融機関（銀行・証券）を経て、現在、SBI証券に勤務。取引先（金融機関・事業会社）の与信審査に30年以上携わる。中小企業診断士、日本証券アナリスト協会検定会員、米国MBA（Case Western Reserve Univ.）。

井上雅之（いのうえまさゆき）（第5章—2担当）

東京工業大学大学院総合理工学研究科博士課程短縮修了。博士（工学）。NTT メディアインテリジェンス研究所、NTT コミュニケーションズ、NTT ソフトウェアイノベーションセンタなどを経て、現在、東京通信大学情報マネジメント学部教授。IEEE GCCE2012 TPC、情報処理学会 AVM 研究会幹事などを務める。専門は、メタバース、データサイエンスなど。CISSP、中小企業診断士。

庄司 淳（しょうじあつし）（第5章—3担当）

2022 年、東洋大学大学院経営学研究科修了。大同生命保険(株)所属。中小企業向けの生命保険営業に従事した後、相続・事業承継の実務を習得する目的で、りそな銀行プライベートバンキング室に出向。現在は FP コンサルタントとして、中小企業の事業承継支援やセミナー講師として活動中。中小企業診断士、MBA（経営学修士）、1 級ファイナンシャルプランニング技能士、CFP®。

金子啓達（かねこひろみち）（第5章—4担当）

北海道大学法学部卒業。アメリカ国際経営大学院卒業（MBA）。旧・三井銀行入行。ドイツ、マレーシア勤務を経て、（株)GS ユアサ英国現法、インドネシア現法、（株)新生化学工業インドネシア現法、本社取締役を経て、2021 年に独立。中小企業診断士。金融機関取引、インドネシア等アジア進出支援を得意とする。

増澤祐子（ますざわゆうこ）（第6章—1担当）

京都大学大学院農学研究科卒業。外資系経営コンサルティング会社を経て、現在、（株)プレミアムウォーターホールディングスに勤務。コールセンター業務や営業サポート業務に携わった後、管理職として台湾での業務や新規事業の立ち上げ、物流業務などに携わる。研修講師（管理職研修、レジリエンス研修等）。東京協会中央支部 2021 年講師オーディション優勝。中小企業診断士。

中川聖明（なかがわせいめい）（第6章—2担当）

明治大学文学部史学地理学科卒業。江戸川税務署勤務を経て、アステラス製薬(株)、味の素製薬(株)、HOYA(株)等の医薬品企業、医療機器企業にて、税務、決算担当、労働組合書記長、人事部長を歴任した。現在はストローム経営管理事務所代表となり、中小企業診断士、特定社会保険労務士として主に経営サポート、セミナー講師等で活動中。

高橋利忠（たかはしとしただ）（第6章—3担当）

名古屋大学経済学部卒業。都市銀行に16年間、学習塾フランチャイズ本部に15年間勤務し、2021年7月に独立。事業再生中の企業数社への出向など、ゼネコン、メーカーからサービス、飲食店まで幅広い実務経験あり。中小企業診断士。著書『ケーススタディ中小企業のための経営承継マニュアル』（共著、ぎょうせい）、『フランチャイズ本部構築ガイドブック』（共著、同友館）ほか。

板井川　浩（いたいがわひろし）（第6章—4担当）

山口大学経済学部卒業。旧・伊奈製陶(株)に入社し、(株)テムズ代表取締役社長を経て、(株)LIXILを退社後、創業。現在、(株)icompanies（アイカンパニーズ）代表。中小企業診断士、千葉商科大学EMBA、2級建築士。著書『もう価格では闘わない』（共著（坂本光司氏編著）、あさ出版)。

村上雅宣（むらかみまさのぶ）（第6章—5担当）

専修大学経営学部経営学科卒業後、ウシオ電機(株)に入社。営業部にて産業設備製品の新用途、新市場開拓を担当。液晶プロセス設備の事業化を推進する。その後、8年間の中国駐在で、現地製販体制の確立と、海外主導でのアジア圏新規事業開拓プロジェクトに従事した。帰国後、事業戦略室等に所属。東京都中小診断士協会中央支部の第3回講師オーディション2位。

重谷　亮（しげたにりょう）（第7章—1担当）

帝京大学経済学部卒業。雇用促進事業団（現・(独)高齢・障害・求職者雇用支援機構）に入団。職業能力開発業務や管理業務全般に従事し、大阪府地域訓練コンソーシアムや生産性向上支援訓練の立ち上げなどを担当。2022年3月に退職。現在は、研修講師や執筆のほか、企業の社外役員も務める。中小企業診断士、ITコーディネータ。

2023 年 4 月 10 日　第 1 刷発行

フレッシュ中小企業診断士による
合格・資格活用の秘訣IV

© 編著者　小 林 勇 治

発行者　脇 坂 康 弘

〒113-0033 東京都文京区本郷 3-38-1
TEL.03(3813)3966
FAX.03(3818)2774
https://www.doyukan.co.jp/

発行所　株式会社 同友館

三美印刷／松村製本所
Printed in Japan